CHRISTMAS WORD SEARCH

HOW TO PLAY

ON EACH PAGE YOU WILL BE GIVEN A LIST OF WORDS, FIND EACH WORD ON THE LIST AND CIRCLE, ~~STRIKE~~ OR HIGHLIGHT IT IN THE PUZZLE PROVIDED,

THE WORDS MAY BE PLACED:

HORIZONTALLY ←→   VERTICALLY ↑↓
OR DIAGONALLY ↗↙↖↘

```
I  S  N  O  W  M  A  N  K  C  X  H  L
J  P  R  A  H  J  P  T  H  R  B  L  T
W  D  P  L  F  X  O  I  O  I  B  W  N
S  W  K  R  R  E  L  I  U  A  R  K  E
S  N  L  U  B  D  N  U  C  K  E  Q  R
M  E  M  O  R  I  E  S  S  I  T  G  A
O  V  G  E  T  S  F  A  Z  D  N  E  P
E  O  N  N  O  L  M  H  S  R  I  C  U
M  E  W  T  E  X  G  P  E  V  W  A  A
J  G  X  Z  N  Z  I  C  E  M  R  L  S
C  H  R  I  S  T  M  A  S  R  T  P  C
H  L  O  G  G  N  O  S  A  E  S  E  P
R  T  N  R  E  B  M  E  C  E  D  R  O
H  R  E  E  D  N  I  E  R  C  Z  I  N
P  E  L  N  S  A  N  T  A  W  T  F  K
```

1

```
J  S  N  O  W  M  A  N  U  C  M  E  U
I  F  P  X  F  G  M  R  H  P  B  K  T
U  L  W  T  N  B  G  I  P  N  R  H  N
D  J  A  C  C  M  L  P  Q  L  R  A  E
T  Q  G  E  I  D  K  A  O  G  E  M  R
M  E  M  O  R  I  E  S  S  Z  T  C  A
A  R  E  E  K  J  A  P  Z  N  E  P
Q  S  N  L  E  C  M  U  K  J  I  C  W
M  E  W  V  E  X  G  P  I  V  W  A  A
K  G  X  Z  N  L  P  S  M  B  G  L  G
C  H  R  I  S  T  M  A  S  F  J  P  W
A  U  R  Z  Z  N  O  S  A  E  S  E  I
U  B  E  R  E  B  M  E  C  E  D  R  L
T  R  E  E  D  N  I  E  R  X  P  I  D
F  R  D  G  S  A  N  T  A  P  M  F  C
```

CHILDREN	REINDEER
CHRISTMAS	SANTA
DECEMBER	SEASON
FIREPLACE	SNOWMAN
MEMORIES	WINTER
PARENT	XMAS

2

I	K	O	D	N	I	Z	V	O	O	K	L	U
F	K	U	E	M	E	T	H	B	L	U	G	V
P	E	N	L	L	K	T	O	U	F	M	H	B
S	S	I	R	Z	L	W	W	K	W	D	W	W
J	U	F	V	E	I	A	N	O	E	W	D	U
N	O	O	Z	J	L	A	B	T	R	C	U	F
Q	H	R	N	F	H	I	A	W	A	K	K	N
T	A	M	N	T	P	R	G	E	O	N	S	A
C	W	R	A	X	O	E	H	I	T	N	C	W
K	Q	Q	X	C	A	A	V	A	O	O	S	N
G	I	L	E	R	A	P	P	A	R	U	Q	R
E	W	D	B	A	L	C	O	N	Y	P	S	J
G	E	N	E	R	O	U	S	F	A	B	Z	H
B	D	R	E	H	T	O	M	V	A	Z	Z	Z
R	K	X	J	R	N	Z	Q	S	L	M	L	Q

ACORN	MOTHER
APPAREL	NETWORK
BALCONY	RELIGIOUS
DECORATED	SNOWBALL
GENEROUS	THANKFUL
HOUSE	UNIFORM

```
Q H N K I G R V B C S O X
L Q G G J U A U O S L K S
R R A I O S C L E M L H T
H V K L X K L N M L E R R
S L I P P E R S O E B G A
O V G T C E T F P Z R F N
E O N T D O F B V S E C G
B P I N O Z M S O H V I E
T O E D K X V H C N L T Z
N T I X R F K L K F I S S
D E C O R A T I O N S I Q
Y T I L I B A I L E R L T
Y H P A R G O T O H P A H
S N O W S T O R M P G E Q
S T L I U Q N A R T P R T
```

COLLECTION

DECORATIONS

PHOTOGRAPHY

REALISTIC

RELIABILITY

SHEEP

SILVERBELLS

SLIPPERS

SNOWSTORM

STRANGE

TENDERNESS

TRANQUIL

4

S	K	I	L	I	F	T	N	G	L	F	F	X
R	I	I	Q	H	D	N	N	A	H	A	L
O	K	T	W	X	S	I	E	M	L	T	Q	G
O	F	E	I	R	M	V	I	D	G	P	V	E
F	I	L	D	R	A	L	S	L	L	E	K	X
T	R	J	A	E	I	A	Y	P	Z	Q	F	C
O	E	F	H	E	D	T	R	F	L	H	S	I
P	P	Z	S	H	V	N	R	D	U	F	S	T
M	L	W	U	N	G	M	E	A	X	L	K	E
L	A	O	L	N	F	G	M	T	O	Z	U	D
U	C	O	C	B	F	K	E	R	T	M	L	M
W	E	X	A	V	F	W	A	R	J	A	A	I
O	S	L	I	U	J	C	G	E	V	F	D	N
O	D	L	E	J	E	K	V	N	O	N	S	K
V	L	S	E	I	V	O	M	H	C	T	A	W

ATTENDED   HEAVEN

CAROLS   LADS

EXCITED   MERRY

FAMILIES   ROOFTOP

FARMING   SKI LIFT

FIREPLACES   WATCH MOVIES

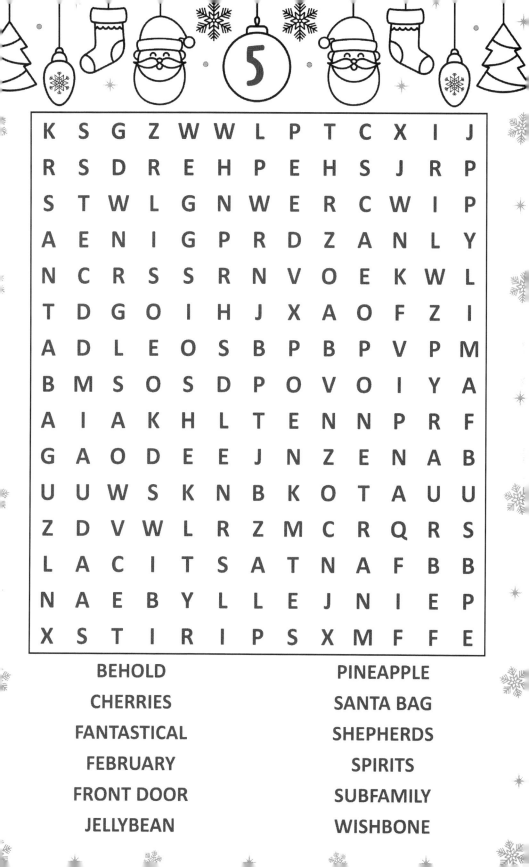

K S G Z W W L P T C X I J
R S D R E H P E H S J R P
S T W L G N W E R C W I P
A E N I G P R D Z A N L Y
N C R S S R N V O E K W L
T D G O I H J X A O F Z I
A D L E O S B P B P V P M
B M S O S D P O V O I Y A
A I A K H L T E N N P R F
G A O D E E J N Z E N A B
U U W S K N B K O T A U U
Z D V W L R Z M C R Q R S
L A C I T S A T N A F B B
N A E B Y L L E J N I E P
X S T I R I P S X M F F E

BEHOLD	PINEAPPLE
CHERRIES	SANTA BAG
FANTASTICAL	SHEPHERDS
FEBRUARY	SPIRITS
FRONT DOOR	SUBFAMILY
JELLYBEAN	WISHBONE

E	D	I	S	E	R	I	F	W	C	O	X	L
R	R	Q	S	K	G	K	I	F	F	P	R	S
N	M	E	S	S	E	N	G	E	R	I	G	C
X	H	R	E	H	T	A	E	W	R	I	A	F
M	Y	P	S	A	M	P	X	O	L	T	L	D
T	M	C	E	B	S	O	K	B	D	S	D	S
L	N	H	N	R	D	Q	O	L	A	V	T	R
A	S	F	A	W	N	R	E	T	Z	J	F	E
S	P	Q	C	F	A	Q	E	T	Z	S	G	E
E	L	M	Y	L	N	L	D	S	E	B	F	D
C	X	U	D	U	J	L	N	E	S	N	U	N
I	P	Z	N	T	K	U	B	U	K	U	N	I
P	O	R	A	I	S	I	N	C	T	C	P	E
S	K	J	C	I	G	V	V	G	L	S	I	R
K	N	I	F	E	S	F	J	E	L	V	G	P

CANDY CANES

DRESS UP

FAIRWEATHER

FIRESIDE

HYMNS

KNIFE

MESSENGER

PICKED

RAISIN

REINDEERS

SPICES

WALNUTS

F Q E L E M E N T S O W L
T R I B U T E J J H R S K
S N S F O V U L A G O Q
D G C U B N H C G K Z P P
S H N P H X N U V H T E B
S A G I G J S X Z X E T E
E P J G K B I R D T M C R
N P R I A C M V D M P R R
T Y B I Q C N Z N L L D I
H W F E I L E B U G E G E
G O G J H D Q D T S G H S
I R K M E N K U I O L I U
R D R X F V N F O M T F C
B S M M E N A C Y D N A C
P H X U E I T N U A D P N

AUNTIE	ELEMENTS
BELIEF	HAPPY WORDS
BERRIES	KINGS
BIRD	SUGAR
BRIGHTNESS	TEMPLE
CANDY CANE	TRIBUTE

```
X D R K O E E A G I Z I Q
B J S I O J E R S E Y E O
Z J A W M K L B A V I R P
F E S T A R S Z Z A R O T
C Q L B R E A K F A S T I
X R G B R T D E D U S M
L R U V A F H R G N P B I
N K P T A R A K S G Q S
F B C Q N I O G A U N R T
Q A S A L K B N G K I I F
V K U I S C O D O O Y N W
D E M Z W X F W H U Z C
Z A G P H O E P I E B W T
F O V X J X S U M U O M Z
J O L L Y W I S H E S J D
```

BAKE	JERSEY
BOXES	JOLLY WISHES
BREAKFAST	OPTIMIST
BUYING	SACK
FAMILIAR	STARS
HONORABLE	STORE

9

A	N	O	I	T	A	X	A	L	E	R	R	W
H	O	L	C	G	V	H	W	H	W	S	U	F
A	J	O	O	S	I	B	L	I	N	G	M	M
W	G	V	O	E	S	T	R	E	E	T	B	G
X	N	D	L	F	G	S	H	F	W	U	R	T
O	I	K	E	X	R	N	L	J	E	J	E	Q
S	K	E	R	N	Q	T	I	C	V	M	L	E
C	C	M	T	P	A	Q	R	D	E	B	L	E
N	O	T	J	I	K	T	W	Q	N	R	A	A
J	T	O	F	I	R	F	I	V	T	A	A	K
A	S	P	C	E	X	O	D	V	S	L	R	Q
M	B	O	S	M	J	X	V	E	I	U	H	B
R	A	H	P	I	V	M	B	A	Z	T	C	U
D	V	A	I	T	Q	T	T	S	F	O	Y	V
O	I	H	C	A	T	S	I	P	X	E	W	H

BRANDING   RELAXATION

COOLER   SIBLING

EVENT   STOCKING

FAVORITE   STREET

NATIVITY   TIME

PISTACHIO   UMBRELLA

```
C G H A P P I N E S S L L
K I N G F Z O J V B B L M
P R N R B T G F I C E Q L
F N I E R R S A L Y P E G
L R Z E M K H A O A J L N
T E T T S A B M C L M O I
K X N I V K P K W P I P R
B C P N B H A V K S T H E
E F C G G A U Z I T T D
M K A C E B G E X D E R I
N U Q S H R R S I O N O O
Z R D W I A E E I J S N R
C I W I S S K C H N E K B
Z Y L E R U S I E L G C M
W C K M I V T Q M K X P E
```

CINEMA	LEISURELY
DISPLAY	MITTENS
EMBROIDERING	NORTH POLE
GREETING	OLIVE
HAPPINESS	PACKAGES
HERB	SING

11

```
M I N N I I V A C B S U S
S O K R O V F V I E X D E
U N D D E I K R N L A G V
P S T N A V T P M O U S L
E W L Q A H O O K I A A E
B L D A D R O E M L V G A
G P B A J R M E Z O N B T
U I Y A V C E W U E R M N
B S B Z T Z K X U Q E P A
T I M E O F L I F E I R S
B R E A T H T A K I N G F
Q G Q X Q Y R E N E E R G
P T U I L B N K C U D R P
T S O R F K C A J W B K X
X O M B P E A C E F U L Z
```

BIRTHDAYS   PEACEFUL

BREATHTAKING   PROMOTION

DUCK   RANDOM

FREEZE OVER   SANTA ELVES

GREENERY   TABLE

JACK FROST   TIME OF LIFE

```
J A F Q G R W Q D E A A Z
L E D J W M U Q Q S C R S
A F P R O C C L G E N E R
Y C M Z N L A N O E N P E
O A L D S D T T C H G R G
L S M B H M E D P C N O N
O W O C S N G T C Z I D E
H L R Z E D O M A A L U S
J U I X R Z R V C N I C S
S T J N F W Y V B P M E A
L L A F F O D N E E S D P
N U T C R A C K E R S J E
M L O B C G S U A L C V O
C Z N P S T F I G E V I G
M H K C H O C O L A T E S
```

CATEGORY   GIVE GIFTS

CHEESE   LOYAL

CHOCOLATE   NUTCRACKERS

CLAUS   PASSENGERS

END OF FALL   REPRODUCED

FRESH SNOW   SMILING

```
P N Y C A S A D E D A O L
R A T H E Z J O F C U G C
I M R L Q C Q H M U J F R
N E A I L F Y X O H G R Q
C S P I C T T R N M Y D X
E I Z D S O O W R R R N M
S W A A L O V J B E R A W
S R O L D I T I L W E L K
R T K S L L Q B S O M R H
A R G L M I V N I H Y E Z
N M A C E B N Q T S R D A
K G I G A S T A C T E N C
E U Z M T J M B V O V O G
J F K K R I T X I H Q W J
J A F H K C I P G M F A T
```

DOOR	TOASTY
HOT SHOWER	VANILLA
LOADED	VERY MERRY
MEAT	VILLAGE
PARTY	WISEMAN
PRINCESS	WONDERLAND

14

```
W E R G T U O R N C U R D
B W F E G I F T S H G E N
U P D N A L D O O W L E B
T N W I N D X G T I R H L
T V K V K H B I G L L C S
E G L A Z E D H A M O D I
R B G B J J T E G J L A A
F M Q P M F N E V B J E X
L F V N U H V I P D R W
I W B L Z K Z V K Q O P M
E A L O F T B O W L O S Q
S Y G G N I H S E R F E R
E X P E C T A T I O N S H
E R U T A R E P M E T V F
B E I Z P R U B V D L L N
```

BOWL	OUTGREW
BUTTERFLIES	REFRESHING
DELIGHTFULLY	SPREAD CHEER
EXPECTATIONS	TEMPERATURE
GIFTS	WIND
GLAZED HAM	WOODLAND

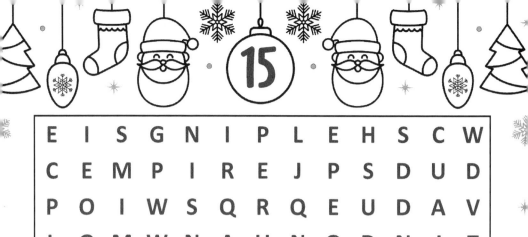

```
E I S G N I P L E H S C W
C E M P I R E J P S D U D
P O I W S Q R Q E U D A V
L O M W N A U N O D N J T
U R N F L D E R P L X A N
T F M U O M K K L C Z E E
J Z P C O R H S E S V F I
G O F S B V T E K U P D C
P B E J E C U A S K E A I
R W S Z H M O J B F R W F
A G C D X I G F R L Q A F
M Q T N W O D N U S E Y E
F D N Q A O W A R M N W S
Z S E L Z Z U P P Q I U L
S Z P U X Q R U O Q V U U
```

AWAY	PEOPLE
AWESOMENESS	POPULAR
COMFORTABLE	PUZZLES
EFFICIENT	SAUCE
EMPIRE	SUNDOWN
HELPING	WARM

I	Q	U	J	S	I	H	L	C	M	G	T	Q
P	S	D	N	D	I	J	Z	J	I	N	V	G
H	H	D	B	A	N	N	E	R	R	I	E	B
W	O	P	N	M	B	K	X	C	T	L	L	E
T	D	J	E	A	I	A	S	J	H	A	Y	O
W	Q	Z	U	R	H	C	M	B	F	E	T	P
A	U	L	T	B	A	Z	E	R	U	P	S	J
U	I	S	F	R	U	B	L	O	L	P	E	I
R	N	I	F	D	F	X	O	C	G	A	F	P
W	C	C	T	Z	G	L	D	C	G	N	I	W
J	E	S	S	G	K	Z	Y	O	T	U	L	O
F	P	G	E	E	V	B	R	L	X	W	H	X
U	I	Z	U	H	W	R	G	I	B	Q	M	F
P	E	O	G	D	U	O	I	E	E	Q	U	X
S	V	T	A	O	C	Y	V	A	E	H	D	O

APPEALING   LIFESTYLE

BANNER   MELODY

BROCCOLI   MIRTHFUL

GUEST   QUINCE PIE

HANDS   SCARF

HEAVY COAT   STRIKE

17

```
V T R O S T S I L Z K R D
E L T T I L P Z T M E O C
B G O J I P U X X T N H Q
Q K N J Z E Z V I T J B A
Y K N I K Z Z H G G S C R
Q L C U V T W I K S E B E
Q O F U Y I Q R W C V E H
G T V R T E G K P U O E T
L H L C E T N T N S L R A
G E W O N T I R F J G T F
E G N B Q A T N U I K Y D
G F A N D Q E U G O G N N
L V O N A L T C B D J I A
D I L A V L K I O L H T R
X H P E H I F E R Z V T G
```

BUTTERFLY	JOURNEY
CUTTING	LISTS
FLANNEL	LITTLE
GIFT GIVING	OCEAN
GLOVES	TINY TREE
GRANDFATHER	WHITE

```
X F V H D S P R E A D U P
C K C R N W C N O O P S R
U G M R I W T S E W O L S
G N I T A P I C I T N A T
H R C Q R Z H O T N B T I
K L H T N E E T F I F V U
C U E T D B I G P R J V C
C F T H E W N Y W C D O S
H T C U T V E Z C S J C I
I C O R H N D L M N D I B
S E E S G V K T I H A X Z
U P I D I Q W N D A O F F
M S U A L H A P P Y R O U
V E F Y E B T P A G D U C
O R M M D T U W D Q C S E
```

ANTICIPATING	LOWEST
BISCUITS	RAIN
DELIGHTED	RESPECTFUL
FANCY	SPOON
FIFTEENTH	SPREAD
HAPPY	THURSDAY

```
O R D W E T S G V F E S U
F P W V W Z N E A N E I L
O Z X P E I I S K I E V O
O T J M P E C J L X Z B O
G G W P A I L L P C N E C
H P O U N S O B E I Z F R
R H U A W J T T A X V T E
S O T U D E C R C I J F P
W E Q D H L Q K E T L S U
R K U D R M R S D E A E S
F E A S T F V X S Z L S R
O T G N I T C E L E S S B
Z G X R M O D E E R F A R
X S R O S S I C S N F L I
V G L K E H S B D L D G Z
```

FASCINATE

FEAST

FREEDOM

GLASSES

JOLLIES

PEACE

RELIABLE

SCISSORS

SELECTING

SHOPPING

SUPERCOOL

XMAS TREE

20

```
Z U T K G K I N E A G G J
K O F T I Q H D T I N K M
E Y N V O F D M Z R I K E
B K R A W O O H E H D O R
X N J B V S G U E G U E R
K A X H P I S L U H L A Y
J H R H U U G I D U C I M
S T E E H L W A T N N P A
B R G O I U W S T P I O K
E B J J S V N J X I C C I
B O R I N G I S U B O U N
N S U O I N O M R A H N G
U C C J V E I K O O C R I
S U O I C I L E D M F O V
S U A L C S R M D C L C U
```

ATMOSPHERE

BORING

COOKIE

CORNUCOPIA

DELICIOUS

DOGS

HARMONIOUS

INCLUDING

MERRYMAKING

MRS CLAUS

NAVIGATION

THANK YOU

21

S	D	U	O	L	C	V	Z	R	J	F	G	Q
T	S	M	P	C	X	O	U	I	X	A	L	A
Z	X	A	Z	C	S	L	A	T	I	P	A	C
A	R	Z	N	Y	L	L	O	J	K	H	A	A
G	V	U	G	T	D	N	U	T	M	E	G	N
W	V	T	K	C	A	Y	G	T	E	G	P	I
F	W	S	F	L	N	C	Y	Q	L	O	V	A
R	H	A	G	O	U	A	L	V	C	O	A	R
F	M	T	M	N	D	U	A	A	U	D	L	T
Q	L	R	T	W	I	R	E	P	U	Z	U	D
H	A	O	O	Q	I	K	M	L	J	S	A	S
H	Q	N	K	E	V	O	C	N	D	T	B	T
T	S	N	T	F	M	G	D	O	W	W	L	B
Z	S	Y	C	H	D	B	P	P	T	I	E	K
B	H	D	R	E	C	N	A	D	M	S	L	I

CAPITALS	SANTA CLAUS
CLOUDS	SNOW DAY
DANCER	STOCKINGS
HARMONY	TRAIN
JOLLY	VALUABLE
NUTMEG	VARIETY

```
Q L A C I S S A L C B G A
M A S T E R Y R I M W I Z
V L R E T T I L G L B Z G
H F C A A F N F N E E B N
O X S P I Z P A Q S P M I
L O I P F Z F K T M S D
I B V E Q A F U X S L W D
D C V A L S E J M E P J U
A I X R V B I W H X G P
Y S O A X F A O U P D Y M
S U T N D U N R E A R L U
X M H C L R K T O V S L L
T L C E W Z D B M D X O P
S N O W B E R R Y P A H Q
D T R A E H D N I K R S A
```

ADORABLE

APPEARANCE

CLASSICAL

GLITTER

HOLIDAY

HOLLY

KIND HEART

MASTERY

MUSIC BOX

NOVELS

PLUM PUDDING

SNOWBERRY

```
T N A C I F I N G I S S Q
A W W N Q H C O R Q O H R
T P N J X B E B N T P E N
H Q P W E D B L O O M S S
D L E R B U R H G J U T T
R N C K E Z P X T W V N H
D E A Q W C S Q P Z Z E G
H U M L I L I U R S O S I
L N L A R D D A P T M E L
L G T X I A O N T I P R N
G G H K L N G H E I O P O
N N K U M N R E O K V D O
S E G A E L I M N H E E M
I G D Q Z U B R N I O E V
H N O I G I L E R K P H W
```

APPRECIATIVE   PINE GARLAND

BLOOM   PRESENTS

HOHOHO   RELIGION

MILEAGES   REMAIN

MOONLIGHT   SIGNIFICANT

PHOTOS   WEEKEND

```
L E V A R T U O E P D I J
D K H B B C T R U S T D R
K M P E R F E C T K G G U
C A F N A J H G M F Z T T
S E I N O M E R E C J N E
B E T N U D V F E B M E N
V E N Z Y N V L L E B M S
Y D G G C B I Q Z U L A I
D T X F L B A T Z B T T L
W J I M D A O B Y R K S H
J O B R D V N D C S S E T
V D T N A C O D V J Z T C
K N A B U H O V C U X L T
S E C Z W Z C L H T J W Z
I C L L W G N I R A H S O
```

BABY	SHARING
BELL	TESTAMENT
CEREMONIES	TRAVEL
CHARITY	TRUST
ENGLAND	UNITY
PERFECT	UTENSIL

```
V  P  S  H  O  R  T  D  A  Y  S  C  I
N  I  P  T  A  P  Z  G  R  W  D  M  G
M  O  B  A  S  D  T  D  E  S  E  F  S
P  K  I  I  J  B  A  Z  J  R  N  U
K  U  J  T  E  U  T  O  M  C  I  H  N
X  C  R  M  A  H  T  K  S  K  P  X  S
V  H  A  I  E  I  A  W  L  U  S  N  H
P  I  D  R  T  R  C  R  Z  C  N  N  I
L  M  Q  O  Z  Y  S  E  R  R  I  F  N
E  X  Z  T  V  H  S  O  R  K  X  Q  E
M  A  S  L  A  B  W  I  J  P  D  I  D
A  R  R  S  S  D  D  C  S  F  P  B  V
R  V  X  X  C  J  N  K  C  Z  P  A  H
A  E  S  A  N  L  L  A  F  W  O  N  S
C  L  U  L  L  A  B  Y  Q  F  P  G  V
```

APPRECIATION	LULLABY
BALSAM	PURITY
CARAMEL	SHORT DAYS
CROWD	SNOWFALL
EMAIL	SUNSHINE
INSPIRED	WEATHER

Q	T	F	T	O	G	E	T	H	E	R	V	Q
D	I	W	D	A	I	E	C	K	X	C	W	C
P	W	C	Q	U	U	G	O	X	J	S	B	R
E	R	C	E	Q	V	V	Z	E	E	T	D	E
M	Z	A	U	C	V	I	L	A	A	R	O	R
F	E	O	N	G	R	B	S	H	U	A	R	U
U	B	L	N	K	A	Y	S	D	D	J	V	G
V	S	J	O	L	S	A	S	P	E	G	A	I
W	W	S	S	D	T	Q	V	T	G	Q	L	F
A	L	O	U	N	I	E	O	W	A	A	U	W
O	F	L	A	V	S	O	M	B	G	L	E	O
A	S	S	H	B	L	S	U	I	N	L	S	N
D	R	E	S	S	I	N	G	S	E	F	O	S
D	S	P	E	C	I	A	L	I	S	T	U	U
O	V	E	R	C	O	A	T	E	M	W	G	S

BOUQUET   PRANKS

DRESSING   SANTAS HAT

ENGAGED   SNOW FIGURE

ICE CRYSTAL   SPECIALIST

MELODIOUS   TOGETHER

OVERCOAT   VALUES

27

```
V T L B N K Z F S D N W V
E W N L E O A N N U A L B
R E G I W C I U T Z S L P
A G E S G O B N B G A I S
W N S G P X M U N Z G D
E B E F J D H H D E N H I
N O R U D M Y G R C R T K
O O A L R H E N X X X I A
T T T J H B H L A A A N
S S I O B W G S T P O G N
E S O K N R T M O I M R O
U L N V M A E M W T N O Q
I A S K M J N A U H E G C
K O O D W X X S D V J D D
V C C X I U V X C T C X K
```

ANNUAL	GENERATIONS
BLISSFUL	KIDS
BOOTS	LIGHTING
BREAD	MELTING
COAL	REUNION
COMPANY	STONEWARE

```
N K E A S Y M B O L T A R
U J C V R G P M R E K S W
R Q O C N M I Z P S L I T
H C V Y H B R V L U J N N
P O V X E I M T I S G D
T P F V W U L W G N X C G
F E C K O W X L X Q G A I
A N R X U O R N I W L R R
R G R F W I O E O N V O M
D I A G Q V S H V E G L V
D F M O S T L Y U I L S M
L T E M I Q H I A O L Q U
O S A D E U L A V P C E N
C W J B E A U T I F U L D
V E X C I T E M E N T N T
```

BEAUTIFUL	JOYEUX NOEL
CHILLING	MOSTLY
COLD DRAFT	OPEN GIFTS
DELIVER	SING CAROLS
EXCITEMENT	SYMBOL
GIVING	VALUED

29

E	I	N	N	X	F	D	U	S	C	H	C	N
H	C	W	L	E	I	G	O	V	O	M	F	W
L	E	N	I	Q	X	D	E	V	L	O	F	R
I	S	G	E	T	D	C	Z	N	O	O	I	V
G	K	C	Z	I	L	K	E	R	R	R	R	U
H	A	A	M	O	D	M	J	E	F	O	I	H
T	T	R	T	T	G	U	R	V	U	G	R	R
E	I	O	H	F	J	A	A	C	L	N	A	N
D	N	L	K	K	C	F	D	E	D	I	U	G
J	G	E	K	M	N	Z	P	V	X	X	W	Z
N	H	R	N	I	W	I	P	U	C	O	X	R
S	Q	S	T	M	R	R	H	L	D	B	Z	V
G	N	I	T	T	A	H	C	T	T	N	S	C
R	G	V	N	B	A	Z	L	Z	E	U	Z	H
P	A	N	C	A	K	E	S	L	I	R	L	U

AUDIENCE — ICESKATING

CARE — LIGHTED

CAROLERS — PANCAKES

CHATTING — RETHINK

COLORFUL — ROOM

GUIDED — UNBOXING

```
L  B  W  R  E  A  T  H  I  M  K  T  R
A  Y  A  D  T  S  A  E  F  I  E  Z  E
H  U  S  N  L  O  T  L  N  R  I  X  H
T  K  G  I  O  D  Z  D  T  E  Q  X  T
D  A  O  W  U  C  W  V  J  V  H  V  O
T  S  E  T  N  O  C  Q  S  S  I  D  M
K  T  K  D  R  W  J  S  I  W  V  G  D
O  H  H  D  J  R  E  V  U  H  K  P  N
T  L  S  L  O  N  A  N  W  Q  H  N  A
A  X  H  O  I  L  G  F  I  B  H  U  R
M  R  T  L  M  Y  H  T  L  A  E  H  G
O  S  O  C  D  R  R  W  R  S  X  M  X
T  H  P  R  F  A  D  T  U  W  D  Q  L
F  M  D  N  U  O  R  G  Y  A  L  P  O
L  V  Q  B  T  S  I  L  T  F  I  G  S
```

CONTEST	KIND WORDS
FEAST DAY	LAVISH
GIFT LIST	PLAYGROUND
GRANDMOTHER	ROOTS
HEALTHY	TOMATO
HOLINESS	WREATH

```
X T K I T T E H G A P S P
F R Q E T C M F X U F C G
U Q A L G U R O O B G K M
A C O L O N I A L G A L W
A T S R U C A T I E W O W
J N S A G C Q H R C R U D
F R O Z E N A B C T E D A
C U G H C V R T E X N N F
F A V Z O E A S C A E Z Y
P R O I T G D U R E E E R
Q P K N L F A G X S P P O
R A I O L A R B L R T S M
H W Z Z E I P E C N I M E
W O N D E R F U L W Q Z M
P A K G E T W E E T S A U
```

COLONIAL   RADAR

EXCHANGE   SPAGHETTI

FROZEN   SPECTACULAR

GRAND   TWEETS

MEMORY   WINTER BREAK

MINCE PIE   WONDERFUL

```
N  G  R  D  N  R  E  H  T  R  O  N  S
T  S  M  U  O  T  U  N  E  O  X  V  L
G  J  N  J  D  F  U  X  T  N  T  B  L
E  G  N  E  M  O  C  R  E  T  U  X  E
N  P  C  H  V  I  L  I  K  P  O  S  B
E  W  E  G  T  A  X  P  W  E  G  D  R
R  X  H  I  S  G  E  T  H  N  Y  N  E
A  O  N  C  D  Q  T  H  I  X  Z  S  V
T  G  M  V  J  T  Q  D  Q  M  W  P  L
I  O  D  A  U  V  L  U  F  W  N  A  I
O  F  E  I  S  I  G  B  X  J  C  H  S
N  E  Z  I  U  K  E  L  B  A  V  O  L
J  K  A  B  L  A  S  Y  U  L  E  H  V
L  K  M  Z  A  G  G  O  J  T  S  E  S
E  B  A  D  Q  D  B  Q  I  Q  V  M  T
```

AMAZED	MASKS
BUILDINGS	NORTHERN
EXCITING	RUDOLPH
GENERATION	SILVER BELLS
HEAVENS	TURKEY
LOVABLE	YULE

33

```
G C H R I S T I A N E A P
N C I G N M M U T H Z I S
I T V D E I F I R A L C F
N A T E K N A L B L O O W
E W O D K L I T O E U B O
D J U U P S Q W J N L P I
R H M R C D K H M S J S G
A E O M L X L M Z U R N A
G U A R A D N E L A C N I
D L M T C O N A I D N I H
S D Z U I J C C E K R T S
C V V J Z N L S U T K J I
T E E W S B G H E C J I F
Q T O G N I L O R A C O G
D E C V O E U V M F Z W H
```

CALENDAR	GO CAROLING
CHRISTIAN	INDIAN
CLARIFIED	PILLOW
EATING	PROUD
FISHING	SWEET
GARDENING	WOOL BLANKET

34

M	G	C	A	R	G	Q	W	S	L	I	T	J
F	R	F	V	S	I	Z	C	R	O	O	X	W
M	E	N	S	U	F	H	A	M	V	U	W	E
H	A	R	H	R	T	M	H	T	E	T	V	I
X	T	O	D	W	G	I	N	P	W	S	R	S
S	C	C	F	L	J	B	D	V	O	I	Y	W
P	E	P	K	Z	P	W	W	L	R	D	T	L
S	E	O	Q	R	Q	A	B	A	D	E	I	U
T	S	P	C	H	O	I	C	E	S	H	L	U
S	M	Q	G	N	I	D	D	E	W	Y	I	S
A	X	I	H	I	I	N	H	S	E	T	B	A
E	Q	Q	I	P	P	C	P	K	Q	V	A	B
F	N	Y	L	E	R	E	C	N	I	S	T	L
C	G	W	E	G	V	O	X	I	N	W	S	E
I	I	U	U	S	H	K	T	O	X	U	J	J

CHOICE OUTSIDE

FEASTS POPCORN

GIFT SINCERELY

GREAT STABILITY

HOCKEY USABLE

LOVE WORDS WEDDING

35

```
N R L I K R W B U C V H V
T O U Q R F B Z E O T N T
Q J C A B M A S S L C O W
L I G H T S G M V J C I X
E S R X A N D B I U E T M
R L H N X U R F N L C C R
H Y E I I X A D H L Y U A
F W N A D S G Z I R C D W
V D A O P L E T M R U O P
C I I I L G R A Q P L R E
U S H N Q O E M M A T T E
K C T A E R C C H W U N K
V T D X D G O L I E R I F
E S E I P E C N I M E S K
F Z F R E E Z I N G V C U
```

CHIPS	FREEZING
COLONY	INTRODUCTION
CULTURE	KEEP WARM
DINE	LIGHTS
DREAM	MINCE PIES
FAMILY	REGARD

```
W R F G A W D T L A A T P
E E I N P J B Z S K L S I
L H R I W J T N X H O U H
C T T S G C R J O O W N S
Y A R S L Z D O Q U C L D
C E E O K X K W R E A I N
R W E R A X F F A F L G E
O T J G P B Q A F V O H I
T E R U E V D F T U R T R
O W D V I B K I A H I B F
M U R S D N E I R F E P X
O W I I D V P B A J B R D
R T S P U O R G V N K C D
E B I L A N I G I R O D T
A S H N G B E J B R J P R
```

FATHER   LOW CALORIE

FIR TREE   MOTORCYCLE

FRIENDS   ORIGINAL

FRIENDSHIP   SUNLIGHT

GROSSING   VISIT

GROUPS   WET WEATHER

37

T	S	N	O	I	T	A	T	I	V	N	I	B
H	R	J	W	H	H	P	S	C	K	W	T	S
M	O	L	N	T	S	K	I	D	K	Q	W	B
O	B	G	R	U	Y	P	V	E	R	O	O	Q
D	Z	I	R	D	T	B	V	F	U	A	F	B
S	B	T	E	D	C	E	E	P	N	W	O	P
N	T	M	V	B	R	R	E	S	I	B	Q	B
Z	O	G	B	G	O	A	O	E	V	R	U	J
C	Q	Q	R	N	R	C	C	P	E	E	C	T
S	U	E	G	T	K	A	T	D	R	A	I	E
B	E	I	R	S	R	K	A	P	S	K	W	I
N	S	E	N	B	O	P	K	V	A	I	U	L
L	E	P	M	D	T	Z	S	Q	L	N	E	H
R	B	E	H	Q	S	E	G	V	O	G	A	W
F	R	E	H	T	A	G	V	B	S	E	E	C

BIRTH

BOARD

BREAKING

COMEDY

EMBRACE

EVERGREEN

GATHER

IGNORE

INVITATIONS

PEAR TREE

SOCKS

UNIVERSAL

```
K  B  B  E  L  I  E  V  A  B  L  E  H
G  B  M  K  Q  V  D  I  S  S  L  J  R
C  W  O  C  X  V  G  P  N  T  W  X  L
S  O  K  L  I  A  I  A  R  R  C  U  S
E  R  B  D  G  R  E  E  B  E  O  O  N
I  B  R  D  I  B  I  N  S  E  T  D  O
D  I  P  T  L  C  K  O  Y  S  B  I  W
U  T  F  W  A  P  T  I  A  T  Q  J  F
T  N  H  L  P  M  S  T  W  A  P  B  L
S  E  G  Z  D  H  I  C  D  N  A  G  A
L  M  L  L  N  X  T  E  A  D  S  K  K
P  A  F  O  T  L  N  F  O  I  T  R  E
R  N  G  E  P  Q  K  F  R  L  R  V  A
V  R  V  Q  C  D  K  A  L  B  Y  M  U
Q  O  U  G  N  I  M  O  C  P  U  V  U
```

AFFECTION	ROADWAYS
BEANS	SNOWFLAKE
BELIEVABLE	SPIRIT
GLACIER	STUDIES
ORNAMENT	TREE STAND
PASTRY	UPCOMING

```
C E R I F G N I R A O R F
K I V Z D T V P T F H M B
X F G S L I P P E R Y W F
R I E C N A L A B L B H O
E V T O A S T I N G L L U
E K H Q S G N I D I T L R
T O C F C J T I C X W T
N E U F L M I C Z U M K H
U S N O O T R A C S I P A
L O K S E H C K B L A N Z
O M L F C M F Q I M P J W
V E I T S T O O B N I A R
D C D F V A S R E P L E H
U U W V Q M N F J V L G T
F Y N N A R G E O C X N Z
```

BALANCE	ROARING FIRE
CARTOONS	SLED
FOURTH	SLIPPERY
GRANNY	TIDINGS
HELPERS	TOASTING
RAIN BOOTS	VOLUNTEER

```
D G Z D R Z M K H S S T T
E D I N R X R F A R S T P
C E B V Z Y W J S E A F R
I F W H E I I G A G L R E
P P Z C R T E C E A G T D
S C L W A U H M E N J R E
B T K A Q E S A A A J A R
T D I M Y Z N D N M R E E
G M D I R E P I H K Q Y T
S K C U D C R X G T S W R
W C L Z E I O X J N K E A
A A G N A L N V T H E N U
J S N O I T U L O S E R Q
H N U M L E S S O N S M E
U L B F S D B I X I S B G
```

DRY ICE   MANAGER

DUCKS   NEW YEAR

ENGINE   PLAYER

GIVE THANKS   QUARTERED

GLASS   RESOLUTIONS

LESSONS   SPICED

```
S K M S S E N E L B O N S
H C T D E X V U I K X G Z
U S Q Z A G U D S G T B B
I N S P I R E M X E N U G
Z I I T P Q N E R G A A N
U A N E J Z W O R R I A I
M T T V N K G T P E L C P
O N E O M R G E J T L D P
D U N D G A S L F S I D A
P O T E N H T T X M R N R
O M I C I S E S V A B E W
E L O A D H E I A H J L C
L K N E D E W M Q M S I W
L D E P U X S C Q R H Q T
O R V Z P D B Z M J Q H L
```

BRILLIANT   NOBLENESS

HAMSTER   PEACE DOVE

INSPIRE   PUDDING

INTENTION   SHARK

MISTLETOE   SWEETS

MOUNTAINS   WRAPPING

42

```
S T U N L E Z A H V L D B
L Q O Q U T Z H E U A Z B
B E L O N G I N G E E P Q
E L B M U H N P R P E Y T
E D B S R T U B Z H H T A
T W J J Z E R K O R E I S
A L J M M E B U K C Z L T
R A A J G T S R Q K I I E
B Q W N E E T A L F L U T
E L I E H R O Q V Q A Q E
L G B O S X W Z D A I N S
E P L T E O U N M P C A T
C D P T O L M R F W O R U
L W R O Q K H E P G S T H
W Z R E S T A U R A N T F
```

AWESOME
BELONGING
CELEBRATE
FLAT
GINGERBREAD
HAZELNUTS

HOUSEHOLD
HUMBLE
RESTAURANT
SOCIALIZE
TASTE TEST
TRANQUILITY

43

```
L R C D W T V M T U E B S
Q L F W A O L H W N T M K
B H U A R G F S F E T Z A
E W L U T O W F P T C L T
S G U M S O C H I L D C I
G U H C V D U D D G C D N
P A P E R S R T R T U K G
Z U J R A Y E L L O W E M
F O G U E S T S E T X U T
F N C O M F O R T A I E X
H M C R U N C H Y T I I R
B Q D O T I U S W O N S E
G I T C I X L J O P L V A
C L O U D I N E S S J A K
O O L U M I F Z F X D D W
```

CHILD	PAPERS
CLOUDINESS	POTATO
COMFORT	SKATING
CRUNCHY	SNOWSUIT
GOOD	STRAW
GUESTS	YELLOW

44

```
S K U M X B A V J S F L U
R C C M L S M K F Q X U K
E U Q U C K D K C V S F H
C V I K S R S E K M M E T
E M K R I T M O X K H P N
P Z Z U N Y A C U T J O E
T G J Q D S L R W T O H E
I G K N J I P I D B U K T
O I A Q M J P V H T E B X
N C M A R R I A G E L K I
M J T R J G T I U S J K S
Y E N M I H C K L K A T A
N O S C H O O L H Q D L M
V D E L B A D I M R O F U
S T X E T V G D D W W P Z
```

CANDY   MARRIAGE

CHIMNEY   NO SCHOOL

CLIMATE   RECEPTION

CUSTARD   SIXTEENTH

FORMIDABLE   SUIT

HOPEFUL   TEXTS

W	F	U	H	S	E	A	B	Q	G	E	X	A
L	I	J	A	L	H	U	A	C	S	G	G	S
H	O	T	C	I	E	P	L	R	E	A	E	U
D	T	I	A	K	R	S	L	D	I	T	R	O
L	C	M	N	E	M	P	O	C	R	N	O	L
I	A	M	R	C	Z	V	O	R	R	E	L	E
I	X	I	H	A	M	U	N	Y	E	R	K	V
O	W	V	C	F	W	D	S	S	B	A	L	R
C	Q	B	T	I	A	G	M	T	N	P	O	A
V	F	D	R	N	F	M	U	A	A	C	F	M
D	B	V	C	D	W	I	S	L	R	I	B	K
C	N	E	V	A	X	E	T	V	C	S	V	Q
L	S	V	Z	A	G	K	U	R	J	U	B	O
Z	F	G	O	T	F	N	O	Q	A	M	P	H
K	O	A	D	E	H	C	N	A	L	A	V	A

ARTIFICIAL

AVALANCHE

BALLOONS

CRANBERRIES

CRYSTAL

DANCES

FOLKLORE

ICICLE

MARVELOUS

MUSIC

PARENTAGE

WARMTH

46

```
P X P B N J S X M E R S X
W J X E I S U B I F X E P
P O I N S E T T I A K K G
S I N G R E D I E N T S C
Z L O C S I M P L E P A G
L Q W H K C A P K C A B V
A G U O J L S L F C H G G
N A D N B I K N F L A L
D P X H A V L T F L Q F O
S D E T E R M E N E D X R
C E S E I R O T S K U F Y
A G D L G R E E N T E J Q
P M R G Q H Y D N I W C P
E R M M E R R I L Y M J F
D S L A I J S L J Z D L F
```

BACKPACK   LANDSCAPE

BOWLS   MERRILY

DETERMENED   POINSETTIA

GLORY   SIMPLE

GREEN   STORIES

INGREDIENTS   WINDY

47

O	B	L	U	R	F	E	G	A	K	C	A	P
R	X	V	P	M	L	S	F	B	C	Z	Z	T
P	Q	C	A	L	S	D	B	O	O	L	N	N
E	Z	X	J	H	V	L	J	R	N	B	S	O
I	C	R	N	E	I	E	W	E	V	E	S	B
P	A	M	O	R	A	I	J	D	E	G	R	S
G	G	L	I	X	Q	F	C	I	R	P	E	E
N	X	D	S	U	U	X	A	G	S	N	P	R
I	Z	T	I	D	N	P	R	H	A	I	P	V
Y	S	O	V	A	N	K	O	T	T	S	O	A
A	E	N	E	R	Q	J	L	G	I	U	H	N
L	V	O	L	M	D	N	I	H	O	O	S	C
P	K	Q	E	F	F	C	N	B	N	C	F	E
J	P	V	T	Q	P	C	G	K	O	R	U	F
L	J	X	Z	S	S	E	N	D	N	I	K	K

AROMA KINDNESS

BORED OBSERVANCE

CAROLING PACKAGE

CONVERSATION PLAYING

COUSIN SHOPPERS

FIELDS TELEVISION

B	G	B	V	J	J	G	P	L	R	M	T	Z
K	N	L	V	M	A	G	I	C	H	O	K	A
G	I	O	X	B	N	Q	J	U	Y	K	I	R
R	M	S	O	A	A	R	R	W	D	I	N	R
I	O	S	E	X	Z	R	O	F	D	S	S	G
N	C	O	Z	E	E	R	I	D	R	K	F	K
C	L	M	M	D	K	C	X	E	U	B	O	P
H	E	S	D	S	S	W	G	T	V	G	L	R
S	W	A	H	O	L	N	N	C	B	N	K	O
I	L	O	E	K	I	O	U	E	G	I	G	G
D	P	D	U	F	V	Q	J	P	Q	S	P	R
A	I	W	D	F	K	Z	H	S	A	S	U	A
V	C	L	J	A	P	M	H	E	F	E	J	M
P	O	O	F	W	E	U	B	R	F	L	A	A
C	K	E	O	G	N	U	R	U	C	B	F	U

BLESSING	MAGIC
BLOSSOMS	PROGRAM
COLD FINGERS	RESPECTED
GRINCH	TOY WORKSHOP
KINSFOLK	VIDEOS
LADDER	WELCOMING

49

```
L N W O N K L L E W A D A
I R R C H Z B D E I R D D
D K R E F L E C T I O N I
P P R O D U C T I V E R O
V B L U F I T N E L P G H
I P E R U T L U C I R G A
D J T V R E C E I V E Z Q
E H G J E D E V G K K E M
O L Q K O R C H E E R S A
G O V C Z T Y S W D X B G
A R Q E V D A D F X Q R I
M U A F S H K T A V V G C
E M Q F I F A T H Y N Q A
S R J F S T W S R V W B L
H X I V T T U D E X G H O
```

AGRICULTURE   PLENTIFUL

CHEER   PRODUCTIVE

DRIED   RECEIVE

ELVES   REFLECTION

EVERYDAY   VIDEO GAMES

MAGICAL   WELL KNOWN

```
M P O X C S L Q N A C S F
P W D R U M S T I C K N S
Q B J Q L E S N I T U B N
C A U N M A Z T D P W R O
G C O L F S D W I S J O W
S K D L S H I V U K K T B
W Y D U O L C B E A O H A
E A A L W V J K O N P E L
I R A P Z D E X E A T R L
L D T G P J M L T J E H S
Q X P N U L K U Y U D O L
L X B Q H G E K X T N O U
I G N I M A G E H E H D I
J E W E R L Y F A D K O K
E C E E L F X T T K K F F
```

ADVENT	FLEECE
APPLE	GAMING
BACKYARD	JEWERLY
BROTHERHOOD	LOVELY
CLOUDY	SNOWBALLS
DRUMSTICK	TINSEL

```
S E O K F O T B Q D U C R
D T C N J M T E V J J V I
E L K E D U T I T A R G E
K T S K I X M G F H P U N
I L G H W P O R L K O R J
P S N I O O R S A K R W I
S T I S N Z T E X W C C T
S R R T D N O R T D T P X
H O N O R C Y D F N B E F
G F E R O B S W B L E Z G
U F D I U G G Z H S P C L
O E L C S T A I P O Q X Z
B F O S B Z W J S E J O P
H G G U T A E B T R A E H
T F A M I L I A L I O C F
```

BOUGHS

CENTERPIECE

EFFORTS

FAMILIAL

GET WARM

GOLDEN RINGS

GRATITUDE

HEARTBEAT

HISTORIC

SPIKED

TOYS

WONDROUS

```
F I L L U W C B E P V G X
L X W K K U N W H P G N M
R S W O D N I W K F N I S
X A S V T M I A N R I L T
I E B G A G B C I U B G W
M L N W K G O K C I M N K
D B R K E F A N E T I I H
R A D F C Q S O W C L J O
F Y Y X O K D W O A C S T
U O G O M M R L R K Z I B
Z J D H F E I E D E D V A
I N Q H O F B D S U U E T
W E D I R U A G Z L W E H
F B K J T P D E F A A U Z
K Q X Z T Q C O F F E E N
```

ACKNOWLEDGE	FRUITCAKE
BIRDS	HOT BATH
CLIMBING	JINGLING
COFFEE	NICE WORDS
DAY OFF	TAKE COMFORT
ENJOYABLE	WINDOWS

```
T P D N Z S T E N P G R I
C R F T P B R B E X T R S
O I A T C H F E W P J C W
L O X E H X T Q W M O L R
D R V T A U K O O O Q K Q
S I S A R T E Z R X L Q C
E T E X M E R E L L D F J
A I A A S G U I D A E S R
S E F K B R T J R N C A T
O S O O A L A Z H O E Y O
N A O L K B E K O S Z I D
M O D R B A R K D A W N A
Q K F S R I C A R E Z G Y
B E S U O H E C I S Z C P
J H H B Q K T E I K J I G
```

CHARMS	NEW WORLD
COLD SEASON	PRIORITIES
COOK	SAYING
CREATURE	SEAFOOD
FLOWERS	SEASONAL
ICEHOUSE	TODAY

R	E	A	D	B	O	O	K	S	Z	G	S	R
N	Q	D	J	K	J	T	L	S	G	E	L	I
N	V	N	G	X	Z	E	D	O	H	N	S	X
S	E	J	A	G	H	W	T	S	G	J	T	P
A	G	H	I	B	O	N	I	V	N	Y	O	U
O	E	O	H	R	N	D	O	M	U	S	R	F
V	T	M	C	L	F	A	F	L	E	E	Y	F
E	A	E	A	O	P	O	E	M	N	K	T	Y
R	B	M	E	V	E	L	I	K	X	P	E	J
S	L	A	T	K	O	T	J	P	C	L	L	A
H	E	D	X	G	D	Q	W	N	L	I	L	C
O	S	E	O	O	R	H	K	P	J	F	I	K
E	K	K	O	K	M	D	H	M	O	G	N	E
S	P	G	X	A	I	U	P	X	T	K	G	T
H	Y	R	E	C	O	R	G	J	V	H	S	A

CROWDS

DISHES

GOOD TIMES

GROCERY

HOMEMADE

OVERSHOES

PUFFY JACKET

READ BOOKS

STORYTELLING

TEACHING

VEGETABLES

YULE LOG

D	G	G	S	X	F	G	L	R	B	P	B	K
V	T	C	N	T	N	K	M	R	U	G	G	S
F	S	H	O	I	U	A	A	O	R	Z	Z	W
L	I	N	P	K	T	N	Z	D	O	T	K	E
L	L	X	R	T	C	S	N	I	D	Q	X	A
Q	A	J	Z	H	H	P	E	I	U	T	U	T
W	T	Z	E	J	Z	U	E	R	N	Q	N	I
E	N	S	K	Z	T	R	Z	D	E	G	M	N
Z	A	R	X	P	L	I	O	S	U	T	C	G
H	S	B	T	S	U	G	D	N	I	W	N	T
F	I	N	E	S	T	A	D	C	F	S	X	I
E	E	I	P	N	I	K	P	M	U	P	E	P
S	S	E	N	E	V	I	G	R	O	F	P	W
W	S	E	R	U	T	C	I	P	U	L	O	M
T	N	E	M	A	N	R	U	O	T	H	H	W

BRANCHES   PUMPKIN PIE

FINEST   SANTA LIST

FORGIVENESS   STUNNING

HOPE   SWEATING

INTERESTING   TOURNAMENT

PICTURES   WIND GUST

```
K D B L T E D G C E G O X
E L B N H M O S L M H J H
T W P O W O P E U T A E J
A T D U O C O I I G S H D
R W M S R L X D V C N U A
O O V W K E Y N I H O Q T
C V W V S W V A E E W E T
E J S L H X A C J E S R E
D P M S O R R B T R H I N
P E W D P E G G R I O F T
N X O Q H D K E B N E J I
A O F H F L L E Q E Z M O
F X L A E O K C C S Q H N
R U D K Z C C K R S E W V
Q P G P I K E V H Q H D X
```

ATTENTION	FOOD
CANDIES	GRAVY
CHEERINESS	HOODIE
COLDER	SNOWSHOE
DECORATE	WELCOME
FIRE	WORKSHOP

```
G N I D N A T S T U O J S
L M X I W K H H H G K B R
A N R S E M L V U P R M E
D Y S E P V J H M E V L M
T F S C C I E W O O N E R
I F E D U D C A R G A A A
D U N S M S R E N Z K D W
I L K W U K T I C X D I G
N F C L D R T O C A A N E
G O I K X N P G M C K G L
S I L D I H F R I S L E V
W D S A N S B R I V J R G
K V P D E Q E M N S M P G
C P B R J M S V W R E B S
N F C A A H B E F L U J B
```

AMERICA	LEGWARMERS
CUSTOMS	OUTSTANDING
FLUFFY	PAINTING
GLAD TIDINGS	SLICKNESS
HUMOR	SPICE CAKE
LEADING	SURPRISE

58

```
L D K D R A C T F I G V S
T S A O D U N B G G R I L
H U X V K J K W X M S X Y
M A C E I L R V A J R D U
T L O N H M S E E R T W L
N S M X K W J S Z G C V E
E E P U D G N I L K N I T
M C A U S P B T T U P H I
E N N X I G D D X S O T D
V E I H E L P E R X W U E
O W O B I B P D R J G F D
R G N G N O S D N A R G S
P D B K W K K P L P D M Q
M S T U F F I N G D I T Q
I T F L A T B R E A D H F
```

COMPANION

FLAT BREAD

GIFT CARD

GRANDSON

HELPER

IMPROVEMENT

OVEN

STUFFING

TINKLING

TREES

WENCESLAUS

YULETIDE

```
N W V Q P A T T E R N G U
S K N R E H T U O S R V S
L Q C I S Z T X Q J X X G
E R G A G R I J G I G Z N
I G L H N U Z M O N I O I
G W I S O M J A I C V J W
H M J E S O H T E E N Z I
B L E R H T A C R R E R D
E W L F J V O J X L H I E
L R L Q I L O P N Q C B Q
L A U T D Y T Z X C T B T
S H O S I F O I L F I O Z
P M P N T N H M O X K N I
D Q G M X S V L J E C Z Q
K G Q G C G X C G U S J S
```

FRESH AIR   RIBBON

ICE COLD   RUSTS

KITCHEN   SLEIGH BELLS

MOTIVATING   SONGS

OVERJOYING   SOUTHERN

PATTERN   WINGS

```
N Y L D N E I R F Q O C O
C E A F P G N I D A E R F
A G T Y A G O F B V J B X
R A D T A I N Z X C M A D
D J Z O I R Q I F G D J N
S B J W W B D N K A A X U
E X S R T K T G W O Z H O
F E S T I V E S A C O J R
H T O N T J Z T O M F C G
S P S W Q O R I A R E D F
R W F T U A O Q I T F S E
F T G Z Z X S B S Z U J C
I E R I F A E K A M P F M
R H O M E L A N D S O U P
F E S A N T A S B A G S K
```

BOOT	GROUND
CARDS	HOMELANDS
COOKING	MAKE A FIRE
FESTIVE	READING
FRIENDLY	SANTAS BAG
FROSTBITTEN	YARD GAMES

E	C	F	P	Q	M	Z	T	X	Q	P	D	U
N	I	Z	E	Q	S	Z	G	S	G	G	Z	M
T	L	T	U	S	S	E	F	A	X	Z	V	N
H	O	S	J	Q	T	E	L	D	D	N	I	O
U	B	S	I	W	D	I	L	C	X	G	P	O
S	M	V	L	T	N	W	V	B	I	W	B	P
I	Y	S	C	M	G	E	P	A	U	C	G	S
A	S	S	R	Q	Q	D	Q	J	L	A	I	A
S	F	A	C	L	Z	H	O	U	T	W	B	E
T	E	S	A	N	T	A	B	E	A	R	D	T
I	B	B	G	N	I	T	C	E	N	N	O	C
C	S	R	E	T	S	A	O	C	R	U	K	V
D	S	U	O	M	R	O	N	E	B	U	N	B
Q	O	T	H	A	N	K	S	W	P	G	V	T
R	E	G	E	N	E	R	O	S	I	T	Y	O

BAUBLES

COASTERS

CONNECTING

ENORMOUS

ENTHUSIASTIC

FESTIVAL

GENEROSITY

ICICLES

SANTA BEARD

SYMBOLIC

TEASPOON

THANKS

```
X J I R I I D R F U N B H
A U K L E R U S A E R T Z
R E C O G N I Z E D E Z S
I M D E T T I M M O C P C
Q D V C E K I T T E N S L
O O U M L F V I N C C D Y
Q S C T D I F D Q S B P A
K T H I N I T B G N T S D
N K R P A Z V S E H P F Y
T M P W C K R T S S C N L
U B D B C Y T I L A U Q O
S T U P E N D O U S O B H
N J C N M S W E A T E R F
I W O O H E A V Y P F D S
J S E C O N D A R I L Y P
```

CANDLE	QUALITY
COMMITTED	RECOGNIZED
DISH	SECONDARILY
HEAVY	STUPENDOUS
HOLY DAY	SWEATER
KITTENS	TREASURE

G	P	S	G	N	R	L	C	N	O	D	O	J
P	A	X	J	V	E	A	V	H	R	E	A	G
U	K	R	O	G	K	V	Q	E	E	F	E	F
H	E	Z	E	E	N	S	E	V	T	L	L	R
D	T	F	S	Q	U	U	C	O	T	A	D	Z
Q	L	N	H	E	W	X	A	L	E	E	F	M
V	J	O	N	D	V	V	S	R	L	M	U	L
U	V	T	P	I	L	A	S	L	G	K	R	G
C	C	E	V	I	S	N	E	P	X	E	C	R
D	A	E	W	N	H	J	R	L	R	J	O	V
E	X	C	C	A	Z	P	O	E	D	N	A	N
U	U	S	A	W	B	V	L	K	R	R	T	G
R	G	T	S	G	G	D	E	V	A	S	F	S
R	Z	A	V	M	J	T	N	A	G	E	L	E
A	R	C	G	Z	S	E	T	T	I	N	G	S

CAKE	LEAVES
CASSEROLE	LETTER
CATS	LOVE
ELEGANT	MEAL
EXPENSIVE	SETTING
FUR COAT	SNEEZE

```
E E O Q S N O W X S Q K S
A X W I B F D G M E A B J
N L W P B K E N T V J B S
W S M U Z U D I S R T D G
Z T T O I T E R I A L F N
R L A F N A M E L C E U I
D D H R M D L H S S W W T
T E V Z E I M T A V A A E
R T S A A A I A T E L P E
C N E N D E J G N E K W R
V A I G O B T K A N I S G
C H T P W P M T S F N A U
J C R A L N I K O O G U G
H N A A R U R Z G H U U L
M E P S K O O B V W V D I
```

ALMOND	MEADOW
BOOKS	PARTIES
ENCHANTED	SANTAS LIST
GATHERING	SCARVES
GREETINGS	SNOW
HOT TEA	WALKING

D	P	I	A	R	I	M	F	A	D	G	S	S
K	E	G	Z	F	X	T	P	N	V	K	X	A
N	I	S	S	Z	S	R	E	K	C	A	R	C
G	O	P	U	H	E	I	I	N	X	X	S	D
I	X	I	H	O	R	N	W	X	E	Z	S	F
S	O	F	T	F	I	D	P	D	K	T	J	A
Q	Z	H	T	A	B	N	O	K	A	G	N	Z
U	L	S	S	H	M	T	O	H	R	I	R	H
A	E	Q	Z	T	R	I	P	M	M	Q	O	H
B	F	J	B	R	R	O	L	A	E	K	C	Q
S	I	T	E	P	T	A	L	B	P	R	I	A
Z	G	B	U	B	Q	S	E	C	U	L	E	D
U	R	U	H	S	E	R	F	H	D	S	W	C
L	G	C	N	C	L	S	K	A	T	E	S	K
O	S	D	U	O	L	C	N	I	A	R	M	E

ANIMALS	HEARTS
BEST FRIEND	RAINCLOUD
CEREMONIOUS	SIGN
CORN	SKATES
CRACKERS	SUBLIMATION
FRESH	TOP HATS

```
T R I H S T A E W S Z K E
R H N J R G T L N T D Q B
E R E F F W N A D N K K N
P C E A K L C I A U O J W
P O L F R E F T R X I C D
O P G M P T S C K O G D U
H E N J M P S A E B L A S
C D I D I A A N W D T O T
L E L B D J A D I E O U C
W P R Z N A R L Q T C I U
Q D U G I M L E K I I J M
G O C H G A Z S C R R L T
Q U H X H S U L J I P T P
G T U D T R K Q A P A H F
D S H V U V I K Q S G C U
```

APRICOT	MIDNIGHT
CANDLES	PAJAMAS
CHOPPER	PECAN
COLORING	SPIRITED
CURLING	STAND
HEART	SWEATSHIRT

H	A	N	D	W	A	R	M	E	R	S	B	J
F	D	W	E	F	R	L	A	I	C	E	P	S
U	E	K	M	S	A	I	S	U	H	T	N	E
T	T	R	E	J	Z	B	C	I	E	C	Z	D
S	P	U	O	K	M	G	N	I	R	A	C	V
I	O	N	E	Z	J	P	D	A	J	I	R	A
R	D	D	N	O	A	M	J	O	C	D	D	C
H	A	E	O	F	B	R	Y	C	V	O	O	A
C	X	L	O	B	M	O	E	L	M	U	G	T
S	D	I	V	C	U	A	V	C	G	X	E	I
U	I	G	E	S	D	M	F	I	I	I	Z	O
S	E	H	D	E	G	A	Y	O	V	P	I	N
E	Z	T	Z	O	C	H	E	R	R	Y	E	G
J	X	G	U	I	A	G	G	I	U	X	N	Z
E	V	F	I	Q	O	N	Q	H	M	G	G	N

ADOPTED	JESUS CHRIST
CARING	JOYOUS
CHERRY	RECIPE
DELIGHT	SPECIAL
ENTHUSIASM	VACATION
HAND WARMERS	VOYAGE

R	E	T	H	G	U	A	L	U	I	Q	X	O
Q	M	G	R	E	N	I	H	S	H	I	Z	Q
F	F	X	B	B	H	Q	U	I	N	C	E	C
R	M	U	L	I	J	E	C	R	U	O	S	U
I	V	L	U	C	C	F	N	G	J	V	H	W
B	P	H	T	C	O	C	I	L	F	J	E	X
B	A	L	F	U	O	W	A	L	R	W	R	N
O	N	T	L	G	K	V	T	A	E	H	I	S
N	O	V	A	U	B	F	R	C	N	J	T	X
S	O	M	V	D	O	G	E	R	W	W	A	O
D	M	O	O	W	O	T	T	V	O	T	G	H
D	L	H	R	R	K	I	N	F	T	H	E	G
J	L	D	E	X	C	V	E	Z	O	U	F	U
O	U	H	D	O	O	W	E	R	I	F	P	U
B	F	Q	Q	B	A	J	K	P	R	Q	A	N

COOKBOOK   LAUGHTER

ENTERTAIN   OWNER

FIREWOOD   QUINCE

FLAVORED   RIBBONS

FULL MOON   SHINER

HERITAGE   SOURCE

R	N	D	T	L	S	A	N	D	R	X	I	R
Z	H	K	E	O	P	A	O	S	Z	L	D	Q
B	Z	I	D	P	J	D	I	P	L	R	S	U
J	Q	J	D	X	P	V	T	C	I	I	T	A
D	N	G	Y	B	F	A	A	S	I	G	E	N
X	E	N	B	T	A	N	R	M	V	F	P	T
S	C	I	E	S	Z	T	B	W	Z	P	F	I
T	E	P	A	H	U	A	E	O	T	H	A	T
E	J	P	R	L	X	G	L	T	P	F	M	Y
K	V	O	D	L	P	E	E	J	Z	D	I	K
N	G	H	H	P	Z	W	C	B	L	E	L	G
A	A	N	G	E	L	I	C	B	D	V	Y	K
L	J	E	A	W	W	A	V	R	U	L	C	C
B	G	Z	N	O	I	S	A	C	C	O	O	L
S	L	E	I	G	H	I	N	G	A	V	I	C

ADVANTAGE   HOPPING

ANGELIC   OCCASION

BLANKETS   QUANTITY

CELEBRATION   SLEIGHING

COLD   STEPFAMILY

GIFT WRAPPED   TEDDY BEAR

M	K	T	N	X	S	E	G	A	S	S	E	M
R	W	B	M	F	S	A	U	H	T	U	O	Y
E	L	J	L	T	K	L	Z	C	Z	R	B	P
V	U	C	H	D	H	K	R	D	U	L	C	L
O	F	A	K	R	M	C	C	N	E	Q	I	F
C	R	R	P	X	P	R	E	S	K	C	O	Q
W	E	D	N	H	Y	N	S	D	V	P	S	O
O	W	M	B	S	D	E	C	K	V	G	I	H
N	O	W	T	I	D	G	R	E	F	L	I	U
S	P	A	N	Q	N	O	M	A	N	N	I	C
W	L	G	V	U	C	R	V	O	L	M	A	U
S	J	N	E	L	I	B	O	M	W	O	N	S
G	A	D	O	R	I	N	G	V	I	Z	O	W
P	G	X	O	R	M	T	A	R	T	V	L	Q
G	N	D	E	X	I	M	A	F	F	R	N	W

ADORING   MIXED

BLESSED   POWERFUL

CARD   SNOW COVER

CINNAMON   SNOWMOBILE

CRYSTALS   UNENDING

MESSAGES   YOUTH

```
D Z J K D P N L R P M E B
O U R S Q E J H F V L N K
U N A O R N A M E N T S D
T R C X O W J P L H A Q W
D K O F G Y R E T S U L B
O R G N I D R A W E R G P
O D H H O X I G Q C F K S
R D A Q P H W X R E M P W
M T B E L L S J T P I L U
B R O O M S T I C K P J Q
D I N W O R G R E V O G W
S S E N L U F Y O J G V W
B C P X D K U H O S T T J
K B N O I T I D A R T J U
L R E L A T I V E Z F R J
```

BELLS	ORNAMENTS
BLUSTERY	OUTDOOR
BROOMSTICK	OVERGROWN
HONOR	RELATIVE
HOST	REWARDING
JOYFULNESS	TRADITION

S V M T E G A V S E H R J
D M E C T S I N F A S X B
K W S U A N A Z Z S I J K
N A O N D S B R T Q R I F
E T O J N S M R H Z U N F
C E H O K P A I W P O C X
K R C X F X G D H U L J U
L H Z L L A B T O O F B C
A E S U O E G R O G F I P
C A O V C F C U S T O M K
E T A B L E C L O T H E G
I E L A F S N M J I M K F
U R P A B J J E H C H K G
T D E J H G A R D E N Z N
W L G I V E P R A I S E D

CHOOSE	GORGEOUS
CUSTOM	LEAF
FLOURISH	NECKLACE
FOOTBALL	PHRASE
GARDEN	TABLECLOTH
GIVE PRAISE	WATER HEATER

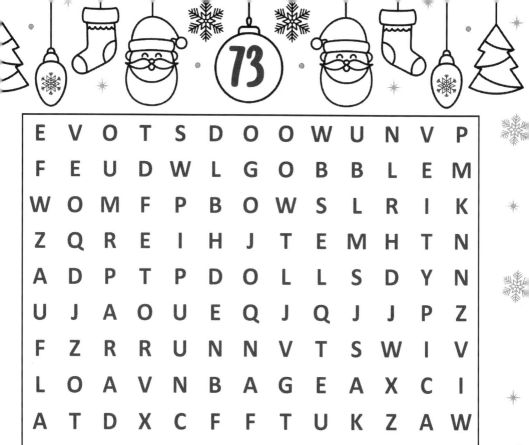

73

E	V	O	T	S	D	O	O	W	U	N	V	P
F	E	U	D	W	L	G	O	B	B	L	E	M
W	O	M	F	P	B	O	W	S	L	R	I	K
Z	Q	R	E	I	H	J	T	E	M	H	T	N
A	D	P	T	P	D	O	L	L	S	D	Y	N
U	J	A	O	U	E	Q	J	Q	J	J	P	Z
F	Z	R	R	U	N	N	V	T	S	W	I	V
L	O	A	V	N	B	A	G	E	A	X	C	I
A	T	D	X	C	F	F	T	U	K	Z	A	W
K	A	I	H	L	D	W	M	E	I	Q	L	V
E	N	S	L	E	C	W	C	C	K	N	T	O
S	E	E	L	U	Z	B	J	V	N	K	S	D
F	Q	V	I	B	L	O	S	I	V	H	E	H
Y	T	I	C	I	L	P	M	I	S	W	J	Q
J	U	Z	N	O	E	L	Q	C	T	G	G	N

BOWS   PARADISE

DOLLS   PENGUINS

FLAKES   SIMPLICITY

FORTUNATE   TYPICAL

GOBBLE   UNCLE

NOEL   WOOD STOVE

```
E  R  H  K  Z  Y  T  S  O  R  F  T  R
L  W  P  H  O  N  E  C  A  L  L  S  Z
J  R  J  H  P  A  R  A  D  E  F  R  A
Z  E  M  X  O  D  C  B  M  E  B  E  Q
S  N  S  D  J  R  Q  M  D  Y  P  C  J
N  N  S  R  R  Q  O  V  U  E  C  N  C
O  I  D  U  P  K  B  W  S  F  E  O
I  D  F  O  N  N  G  I  I  X  J  P  L
T  I  H  I  H  N  S  R  M  D  U  I  D
S  Z  N  N  I  H  W  C  H  Q  L  C  N
E  G  N  T  E  C  P  E  A  A  S  E  E
U  F  I  S  E  P  I  T  V  D  X  R  S
Q  B  A  M  N  H  S  R  O  N  U  L  S
V  C  E  W  G  T  I  U  R  F  F  C  A
C  R  L  V  J  U  P  O  P  V  X  J  P
```

BITING	MORNING
COLDNESS	PARADE
DINNER	PHONE CALLS
EYES	QUESTIONS
FROSTY	RECIPENCE
FRUIT	WISHES

```
G P T D E H A B M R V H D
P R K A E A S P B C E M
S S B N O G I R P S R C C
L N F C H T U I X Z A P L
K P E I I L L E T M N A K
K T X N N V E R I M B R T
E D G G S X L S M R E E Q
C R O F T A L C E R R N G
L B O H A N A A O V R T R
A A S W N Q F W F P Y S E
U E E O T K Q F Y X L D T
A K S V R Q A A E J O G S
F N B I R T H D A Y X B I
G R E E N S X F R K E D S
U J O L L I T Y I T G L V
```

ALLELUIA	INSTANT
BIRTHDAY	JOLLITY
CRANBERRY	PARENTS
DANCING	SISTER
GOOSE	SPRIG
GREENS	TIME OF YEAR

```
F I R A I N S A B V R O A
P D L C O U N T D O W N Q
N O K L B V L Q Z B E F T
G X S S A D N A P O A R Z
S M U I N C H Z W X R S X
R S T R T M E F M I E Y F
E N S X J I N R B N M A X
V A R F F E V S A G A D F
I A Z E A X R E D D R E Q
R A M V L E K A M A K V C
G D T X T O H Z G Y A L K
F F V S W B R O S C B E E
T L M Q Z E C A D F L W H
F A N V S T C R C U E T U
H P W E G A B B A C O H B
```

BOXING DAY	POSITIVE
CABBAGE	RAINS
CAROLER	RECALL
COUNTDOWN	REMARKABLE
HAMSTERS	RIVERS
PANDAS	TWELVE DAYS

N	K	V	E	E	K	S	T	A	E	R	T	U
G	H	K	J	D	X	C	D	Q	R	W	F	Z
N	L	O	Y	R	I	V	C	T	G	U	T	Q
I	R	X	E	T	S	S	O	N	S	F	V	S
Y	T	V	U	B	I	R	T	D	O	N	U	U
T	R	S	J	N	R	N	D	U	H	T	N	P
R	J	Q	A	A	W	N	U	M	O	M	F	E
A	E	M	C	L	E	A	C	M	H	T	L	R
P	U	K	S	G	B	V	F	T	M	O	A	H
E	X	D	E	C	X	Y	I	G	V	O	Z	E
W	I	L	U	J	V	A	C	W	E	L	C	R
H	Z	D	P	E	F	H	I	I	W	E	B	O
B	U	M	R	O	T	S	R	E	T	N	I	W
D	A	O	C	V	I	E	C	I	V	R	E	S
I	H	Y	A	D	E	V	I	T	S	E	F	J

CARROT   LEGEND

COMMUNITY   PARTYING

EAT OUTSIDE   SERVICE

FAITH   SUPERHERO

FESTIVE DAY   TREATS

ICY BLAST   WINTER STORM

```
M W Z O J K I N G C I F I
V F A N T A S T I C H N H
H O Q U W H O A H V T W R
N H T G Z P R E U E Q E M
O O J N H Q C S Z B H J
V V K R E K K U R L J P D
E K I J L M R M O H K E R
M R A I F P E R C G R N U
B E S M R H A C N N O A M
E T D I M C A I A P Q V M
R M S M S U K U I L T B E
Z E U A O A F B V U P X R
S S M J B G E S W D S E S
N X W S E V I T A L E R R
T M P A Y T R I B U T E C
```

BAKING · NOVEMBER
CHECKLIST · PAY TRIBUTE
DRUMMERS · RELATIVES
FANTASTIC · REPLACEMENT
KING · SURPRISES
NEPHEW · XMAS CAROL

V	D	Q	W	I	N	D	Y	D	A	Y	P	X
N	J	T	H	G	I	L	R	A	T	S	W	Z
C	D	X	L	B	H	T	C	G	V	J	Q	Z
G	J	G	W	J	A	K	M	M	G	P	V	S
S	L	L	E	B	E	L	G	N	I	J	D	U
J	G	J	S	A	J	U	G	N	L	A	D	O
F	W	G	S	N	J	F	F	V	E	F	I	L
I	M	P	E	G	L	Z	R	U	F	S	O	U
B	X	A	V	E	A	M	P	G	T	E	Z	B
K	J	R	L	L	U	V	L	C	O	N	L	A
W	J	W	E	K	T	O	R	H	V	D	N	F
K	W	N	H	J	I	T	H	P	E	I	W	M
X	M	U	S	T	R	W	G	Q	R	N	E	B
W	O	N	D	E	R	A	P	R	S	G	J	K
L	V	F	O	M	P	U	Q	V	E	E	R	T

ANGEL	SHELVES
FABULOUS	STARLIGHT
JINGLE BELLS	TREE
LEFTOVERS	UNWRAP
RITUAL	WINDY DAY
SENDING	WONDER

```
W T W I N K L E P C U L F
M I I K I L W V H N U M S
W J N T S B W U I F B P O
A F Q T Q W R P D V O D X
L K T J E C M N X R S I W
L T K H H R I H T G T C Z
P V E Z M M T S I T U I U
A C I F M O Q I O E F T B
P E V O F F A Z M R F K A
E J Q R G U R U C E Y E S
R L K G R P B I L A W R V
E O E D A L B W O N S U H
G N I G A R U O C N E T T
V E N O C E N I P A B U O
Q Z F J V R L O D F D F G
```

BUFFET

CHURCH

ENCOURAGING

FUTURE

MINDFUL

PINECONE

SNOWBLADE

SPORTS

STUFFY

TWINKLE

WALLPAPER

WINTERTIME

```
T  A  E  L  G  N  I  J  J  N  H  J  E
R  D  L  B  X  E  O  Z  V  O  G  J  H
C  E  P  U  R  E  K  A  Z  L  F  K  P
M  D  A  J  F  I  P  N  J  G  A  E  U
L  N  L  S  E  G  G  O  J  L  J  Q  M
A  W  U  W  S  S  N  H  R  L  T  D  P
V  O  N  O  E  U  U  I  T  D  F  L  K
O  R  C  I  Q  D  R  S  N  L  R  A  I
R  G  H  I  Q  N  P  I  X  A  Y  A  N
P  M  H  E  S  Q  H  X  N  T  E  T  W
P  R  L  N  Q  B  P  S  X  G  U  M  Q
A  A  V  P  W  I  S  H  L  X  H  L  X
N  F  V  R  T  B  V  V  F  O  I  H  C
K  K  D  H  S  X  C  A  G  Q  G  I  C
P  X  D  E  W  E  I  V  U  G  F  C  A
```

APPROVAL	MEANINGFUL
BRIGHTLY	PUMPKIN
FARM GROWN	REASSURING
JESUS	VIEWED
JINGLE	WARDROPE
LUNCH	WISH

```
S L H S T A B L E L O P G
S E V E E L S G N O L N E
E P R E D A M L F E I T C
N P L U F R E E H C O Q N
L T D A Q N G S E N B K E
U H N E Q G F I V G S S C
F G O E S E Q A R T E F O
E I I I E S X D B J L L N
P L T W G J E H N Q T A N
O E I Z G H M R S Q S I I
H L N Z D P A H T D A C I
Q D I V W V X P F J C I E
D N F C M G J D S E W F N
C A E D Q C O H N A C F A
R C D C Q Q Z N X P R O C
```

CANDLELIGHT

CASTLES

CHEERFUL

DEFINITION

DESSERT

EFL MADE

HOPEFULNESS

INNOCENCE

LONG SLEEVES

NICE

OFFICIAL

STABLE

```
H O T H G I R B E J S Z J
C R E D R E S S D N N I X
K D U N D Z R K L A O O D
Z A O L S C E O T U I V B
J B A N P R D I B G N W C
S C L E A N P D T H U R H
Z U X E L P U O C T E H I
Q P U Q W H E W V Y R E P
L O E U P D Z W N V R K M
G P H E N O M E N A L M U
S J P G A R L A N D S I N
L M O C H E S T N U T S K
C E R E M O N Y Z K L T Q
H W O R R O M O T H X D W
A Z O I P L X D Q A V A A
```

BRIGHT	GARLAND
CEREMONY	NAUGHTY
CHESTNUTS	PHENOMENAL
CHIPMUNK	REDRESS
CLEAN	REUNIONS
COUPLE	TOMORROW

```
A O Z L U F Y O J R S Z C
H A P P Y E L F M W U R V
P E O E F Z S V G D O B K
F S F O L S D U L K M T F
F P B L Q S Z P E L A S P
G R I O J R H U M E F C E
N U T U R E X O Y K X A T
I C T G I N G E R J D R A
T E E J J Q A J A M V P K
S Q R U W J S E U M P E S
U G C P S Q N T N K W T Z
R S O D K O G S A H O W F
T H L B M U O A J J Z Z U
E X D O Q W G B R W H R L
C O O K I E S X B S B G B
```

BASTE

BITTER COLD

CARPET

COOKIES

FAMOUS

GINGER

HAPPY ELF

JANUARY

JOYFUL

SKATE

SPRUCE

TRUSTING

```
F Y J N V O W R X N M B D
A E J I T M E W S G D M I
A A X I M H K J C C O Q M
O R B T T S I I V M Z R S
G O T O S Q U I R R E L S
O D R C R Q H V N X N E J
L B E G E S G N I Z A M A
D Q D V E V M M K R Z O S
E S P R R V B E N X P D L
N B F E H U S K Y D O G E
S E Z E M E V U D T L J I
R O I U V S N O W Y F I G
R E S T R O O M D Z F S H
R E H O S E R V E P E A Q
Q R G N I D D E L S T I Z
```

AMAZING	SERVE
BROTHER	SLEDDING
GOLDEN	SLEIGH
HUSKY DOG	SNOWY
REFRESH	SQUIRREL
RESTROOM	YEAR

SOLUTIONS

WORD SEARCH 1

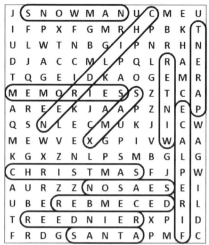

WORD SEARCH 2

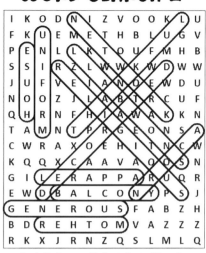

WORD SEARCH 3

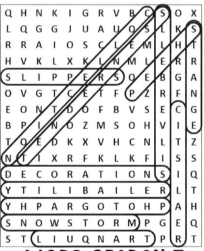

WORD SEARCH 4

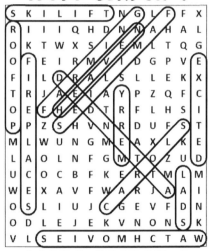

WORD SEARCH 5

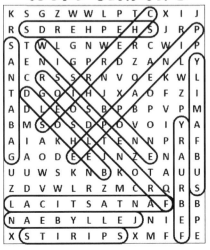

WORD SEARCH 6

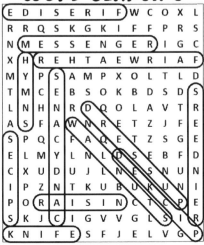

WORD SEARCH 7

WORD SEARCH 8

WORD SEARCH 9

WORD SEARCH 10

WORD SEARCH 11

WORD SEARCH 12

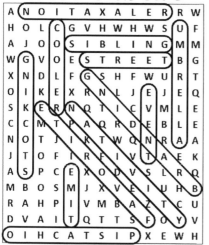

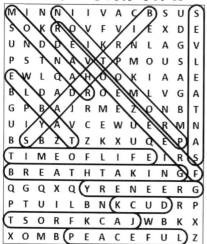

WORD SEARCH 13

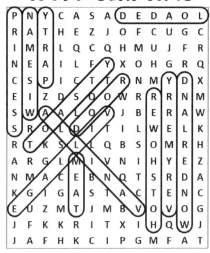

```
P N Y C A S A D E D A O L
P R A T H E Z J O F C U G R
I M R L Q C Q H M U J F R
N E A I L F Y X O H G R Q
C S P I C T T R N M Y D X
E I Z D S O O W R R R N M
S W A A L O V J B E R A W
S R O L D I T I L W E L K
R T K S L L Q B S O M R R
A R G L M I V N I H Y E Z
N M A C E B N Q T S R D A
K G I G A S T A C T E N C
E U Z M T J M B V O V O G
J F K K R I T X I H Q W J
J A F H K C I P G M F A T
```

WORD SEARCH 14

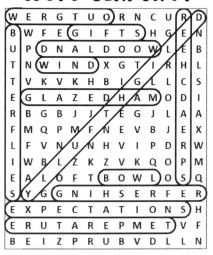

```
W E R G T U O R N C U R D
B W F E G I F T S H G E N
U P D N A L D O O W L E B
T N W I N D X G T I R H L
V K V K H B I G L L C S
E G L A Z E D H A M O D I
R B G B J T E G J L A A
F M Q P M F N E V B J E X
L F V N U N H V I P D R W
I W B L Z K Z V K Q O P M
E A L O F T B O W L O S Q
S Y G G N I H S E R F E R
E X P E C T A T I O N S H
E R U T A R E P M E T V
B E I Z P R U B V D L L N
```

WORD SEARCH 15

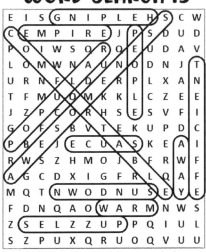

```
E I S G N I P L E H S C W
C E M P I R E J P S D U D
P O I W S Q R Q E U D A V
L O M W N A U N O D N J T
U R N F L D E R P L X A N
T F M U O M K K L C Z E E
J Z P C O R H S E S V F I
G O F S B V T E K U P D C
P B E J E C U A S K E A I
R W S Z H M O J B F R W F
A G C D X I G F R L Q A F
M Q T N W O D N U S E Y E
F D N Q A O W A R M N W S
Z S E L Z Z U P P Q I U L
S Z P U X Q R U O Q V U U
```

WORD SEARCH 16

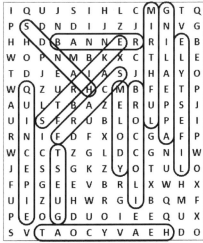

```
I Q U J S I H L C M G T Q
P S D N D I J Z J I N V G
H D R B A N N E R R I E B
W O P N M B K X C T L L E
T D J E A I A S J H A Y O
W Q Z U R H C M B F E T P
A U L T B A Z E R U P S J
U I S F R U B L O L P E I
R N I F D F X O C G A F P
W C C T Z G L D C G N I W
J E S S E V E B R L X W H X
F P G E E V B R L X W H X
U I Z U H W R G I B Q M F
P E O G D U O I E E Q U X
S V T A O C Y V A E H D O
```

WORD SEARCH 17

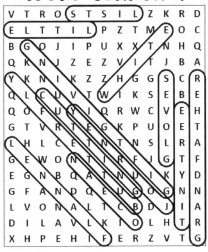

```
V T R O S T S I L Z K R D
E L T T I L P Z T M E O C
B G O J I P U X X T N H O
Q K N J Z E Z V I T J B A
Y K N I K Z Z H G G S C R
Q L C U V T W I K S E B E
Q O F U Y I Q R W C V E H
G T V R T E G K P U O E T
L H L C E T N T N S L R A
G E W O N T I R F I G T F
E G N B Q A T N U I K Y Z
G F A N D Q E U G G N I A
L V O N A L T C B D J I A
D I L A V L K I O L H T R
X H P E H I F E R Z V T G
```

WORD SEARCH 18

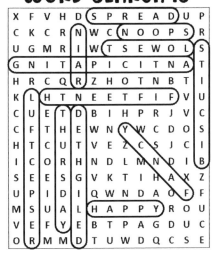

```
X F V H D S P R E A D U P
C K C R N W C N O O P S R
U G M R I W T S E W O L S
G N I T A P I C I T N A T
H R C Q R Z H O T N B T I
K L H T N E E T F I F V U
C U E T D B I H P R J V C
C F T H E W N Y W C D O S
H T C U T V E Z C S J C I
I C O R H N D L M N D I B
S E E S G V K T I H A X Z
U P I D I Q W N D A O F F
M S U A L H A P P Y R O U
V E F Y E B T P A G D U C
O R M M D T U W D Q C S E
```

WORD SEARCH 19

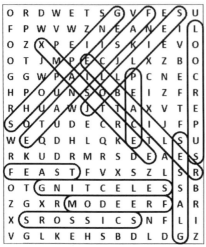

```
O R D W E T S G V F E S U
F P W V W Z N E A N E I L
O Z X P E I I S K I E V O
O T J M P E C J L X Z B O
G G W P A I L P C N E O C
H P O U N S O B E I Z F R
R H U A W I T T A X V T E
S O T U D E C R C I J F P
W E Q D H L Q K E T L S U
R K U D R M R S D E A E S
F E A S T F V X S Z L S R
O T G N I T C E L E S E B
Z G X R M O D E E R S A B
X S R O S S I C S N F L I
V G L K E H S B D L D G Z
```

WORD SEARCH 20

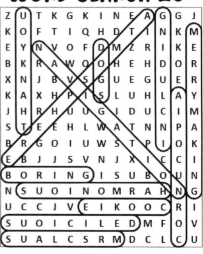

```
Z U T K G K I N E A G G J
K O F T I Q H D T I N K M
E Y N V O F D M Z R I K E
B K R A W O O E H D O R R
X N J B V S G U E G U E Y
K A X H P I S L U H L A M
J H R H U U G I D U C I A
S T E E H L W A X N O I K
B R G O I U W S X X I C I
E B J J S V N J X I C C N
B O R I N G I S U B O U G
N S U O I N O M R A H N G
U C C J V E I K O O C R I
S U O I C I L E D M F O V
S U A L C S R M D C L C U
```

WORD SEARCH 21

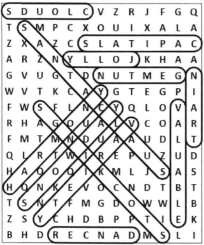

```
S D U O L C V Z R J F G Q
T S M P C X O U I X A L A
Z X A Z C S L A T I P A C
A R Z N Y L L O J K H A A
G V U G T D N U T M E G N
W V T K C A Y G T E G P I
F W S F L N C Y Q L O V A
R H A G O U A R C O A R
F M T M N D U A A U D L T
Q L R T W I R E P U Z U D
H A O O I K M L J S A S
H O N K E V O C N D T B T
T S N T F M G D O W W L L
Z S Y C H D B P P T I E K
B H D R E C N A D M S L I
```

WORD SEARCH 22

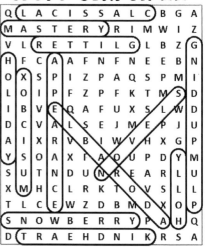

```
Q L A C I S S A L C B G A
M A S T E R Y R I M W I Z
V L R E T T I L G L B Z G
H F C A A F N R E A S P M
O X S P I Z P A Q S P M I
L O I P F Z P F K T M S D
I B V E Q A F U X S L W D
D C V A L S E J M E J U
A I X R B I W V H X G P
Y S O A X I A O U P D Y M
S U T N D U N R E A R L U
X M H C L R K T O V S L L
T L C E W Z D B M D X O P
S N O W B E R R Y P A H Q
D T R A E H D N I K R S A
```

WORD SEARCH 23

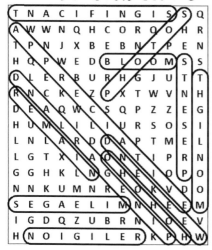

```
T N A C I F I N G I S S Q
A W W N Q H C O R Q O A E
T P N J X B E B N T P E N
H Q P W E D B L O O M S L
D L E R B U R H G J U T T
R N C K E Z P X T W V N H
D E A Q W C S Q P Z Z E G
H U M L I L I U R S O S I
L N L A R D D A P T M E L
L G T X I A O N T I V E D
G G H K L N G H E T O V
N N K U M N R E O K V E V
S E G A E L I M N H E E M
I G D Q Z U B R N I O E V
H N O I G I L E R K P H W
```

WORD SEARCH 24

```
L E V A R T U O E P D I J
D K H B B C T R U S T D R
K M P E R F E C T K G G U
C A F N A J H G M F Z T T
S E I N O M E R E C J N E
B E T N U D V F E B M E N
V E N Z Y N Y L L E B M S
Y D G G C B I Q Z U L A I
D T X F L B A T Z B T T L
W J I M D A O B Y R K S H
J O B R D V N D C S S E T
V D T N A C O D V J Z T C
K N A B U H O V C U X L T
S E C Z W Z C L H T J W Z
I C L L W G N I R A H S O
```

WORD SEARCH 25

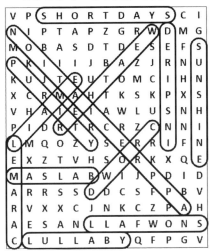

WORD SEARCH 26

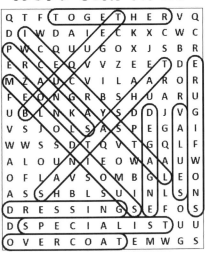

WORD SEARCH 27

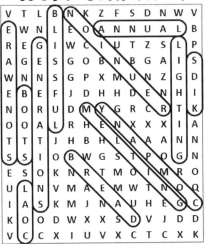

WORD SEARCH 28

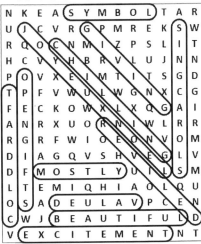

WORD SEARCH 29

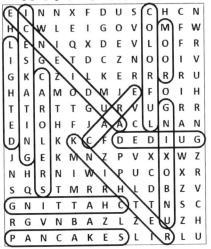

WORD SEARCH 30

WORD SEARCH 31

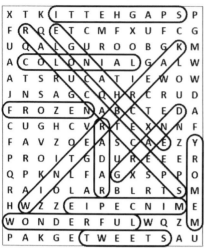

WORD SEARCH 32

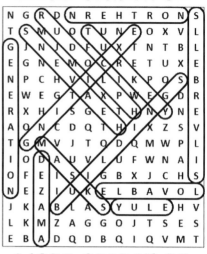

WORD SEARCH 33

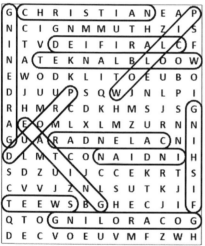

WORD SEARCH 34

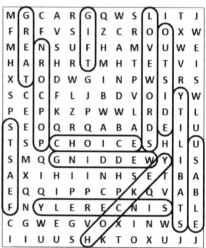

WORD SEARCH 35

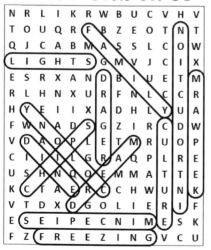

WORD SEARCH 36

WORD SEARCH 37

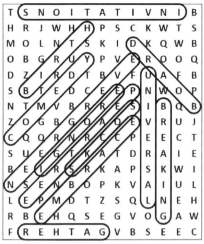

WORD SEARCH 38

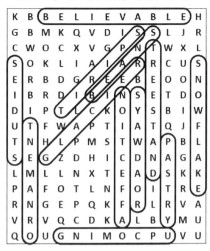

WORD SEARCH 39

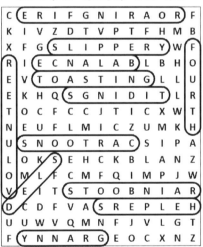

WORD SEARCH 40

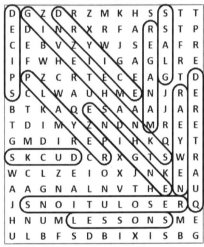

WORD SEARCH 41

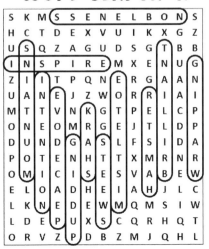

WORD SEARCH 42

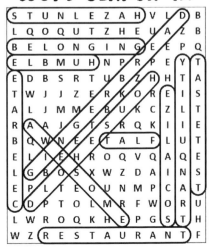

WORD SEARCH 43

```
L R C D W T V M T U E B S
Q L F W A O L H W N T M K
B H U A R G F S F E T Z A
E W L U T O W F P T C L T
S G U M S O C H I L D C I
G U H C V D U D D G C D N
P A P E R S R T R T U K G
Z U J R A Y E L L O W E M
F O G U E S T S E T X U T
F N C O M F O R T A I E X
H M C R U N C H Y T I I R
B Q D O T I U S W O N S E
G I T C I X L J O P L V A
C L O U D I N E S S J A K
O O L U M I F Z F X D D W
```

WORD SEARCH 44

```
S K U M X B A V J S F L U
R C C M L S M K F Q X U K
E U Q C K D K C V S F H H
C V I K S R S E K M M E T
E M K R T M O X K H P N N
P Z Z U N Y A C U T J O E
T G J O D S L R W T O H E
I G K N J I P I D B U K T
O A Q M J P V H E B E X X
N C M A R R I A G E L K I
M J T R J G T I U S J K S
Y E N M I H C K L K A T A
N O S C H O O L H Q D L M
V D E L B A D I M R O F U
S T X E T V G D D W W P Z
```

WORD SEARCH 45

```
W F U H S E A B Q G E X A
L I J A H U A C S G G S
H O T C I E P L R E A E U
D T I A K R S L D I T R O
C M N E M P O C R N O L
A M R C Z V O R R E L E
I X I H A M U N Y E R K V
O W V C F W D S S B A L R
C Q B T I A G M T N P O A
V F D R N F M U A A C F M
D B V C D W I S L R I A B K
C N E V A X E T S R X S Q
L S V Z A G K U R J U B O
Z F G O T F N O Q A M P H
K O A D E H C N A L A V A
```

WORD SEARCH 46

```
P X P B N J S X M E R S X
W J X E I S U B I F X E P
P O I N S E T T I A K K G
S I N G R E D I E N T S C
Z L O C S I M P L E P A G
L Q W H K C A P K C A B V
A G U O J L S L F C H G G
N A D N B I K N N F L A L
D P X H A V L T F L Q F O
S D E T E R M E N E D X R
C E S E I R O T S K C F Y
A G D L G R E E N J I Z Q
P M R G Q H Y D N I W C P
E R M M E R R I L Y M J F
D S L A I J S L J Z D L F
```

WORD SEARCH 47

```
O B L U R F E G A K C A P
R X V P M L S F B C Z Z T
P Q C A L S D B O O L N N
E Z X J H V L J R N B S O
I C R N E I E W E V E S B
P A M O R A I J D E G R E
G G L I X Q F C I R P E E
N X D S U U X A G S N P R
I Z T I D N P R A I P V
Y S O V A N K O T T S O R
A E N E R Q J L G I U H X
L V O L M D N I H O O S
P K Q E F F C N B N C F E
J P V T Q P C G K O R U F
L J X Z S S E N D N I K K
```

WORD SEARCH 48

```
B G B V J J G P L R M T Z
K N L V M A G I C H O K A
G I O X B N Q J U Y K I R
R M S O A A R R W D I N R
I O S E X Z R O F D S S G
N C O Z E E R I D R K F K
C L M M D K C X E U B O P
H E S D S S W G T V G L R
S W A H O L T N K O G I O
L O E K I D F V Q J P S P G
A I W D F K Z H S A S U A
V C L J A P M H E F E J M
P O O F W E U B R F L A A
C K E O G N U R U C B F U
```

WORD SEARCH 49

```
L N W O N K L L E W A D A
I R R C H Z B D E I R D D
D K R E F L E C T I O N I
P P R O D U C T I V E R O
V B L U F I T N E L P G H
I P E R U T L U C I R G A
D J T V R E C E I V E Z Q
E H G J E D E V G K K E M
O L Q K O R C H E E R S A
G O V C Z T Y S W D X B G
A R Q E V D A D F X Q R I
M U A F S H K T A V V G C
E M Q F I F A T H Y N A L
S R J F S T W S R V W B L
H X I V T T U D E X G H O
```

WORD SEARCH 50

```
M P O X C S L Q N A C S F
P W D R U M S T I C K N S
Q B J Q L E S N I T U B N
C A U N M A Z T D P W R O
G C O L F S D W I S J O W
S K D L S H I K K T H A L
W Y D U O L C B E A O E L
E A A L W V J K O N P E S
I R A P Z D E X E A T R L
L D T G P J M L T J E H S
Q X P N U L K U Y U D O L
L X B Q H G E K X T N O U
I G N I M A G E H E H D I
J E W E R L Y F A D E O K
E C E E L F X T T K K F F
```

WORD SEARCH 51

```
S E O K F O T B Q D U C R
D T C N J M T E V J J V I
E L K E D U T I T A R G E
K T S K I X M G F H P U N
I L G H W P O R L K O R I
P S N I O O R S A K R W I
S T I S N Z T E X W C C T
S R R T D N O R T D T P X
H O N O R C Y D F N B E F
G F E R O B S W B L E Z G
U F E D I U G G Z H S P C L
O E L C S T A I P O Q X I
B F O S B Z W J S E J O P
H G G U T A E B T R A E H
T F A M I L I A L I O C F
```

WORD SEARCH 52

```
F I L L U W C B E P V G X
L X W K K U N W H P G N M
R S W O D N I W K F N I S
X A S V T M I A N R I L T
I E B G A G B C I U B G W
M L N W K G O K C I M N K
D B R K E F A N E T L H O
R A D F C Q S O W C L O T
F Y Y X O K D W O A C S B
U O G O M M R L R K Z I A
Z J D H F E I E D D V A T
I N Q H O F B J B S U U E H
W E D I R U A G Z L W E H
F B K J T P D E F A A U Z
K Q X Z T Q C O F F E E N
```

WORD SEARCH 53

```
T P D N Z S T E N P G R I
C R F T P R B E X T R A W
O I A T C H F E W P J C W
L O X E H X T Q W M O L R
D R V T A U K O O O K Q
S I S A R T E Z R X L Q C
E T E X M E R E L L D F J
S E F K B R T J R C A S R
O S O O A L A Z H O E T O
N A O L K B E K O S Z I D
M O D R B A R K D A W N A
Q K F S R I C A R E Z C P
B E S U O H E C I S Z C P
J H H B Q K T E I K J I G
```

WORD SEARCH 54

```
R E A D B O O K S Z G S R
N Q D J K J T L S G E L I
N V N G X Z E D O N I X
S E J N G H W S G I T P
A G H I B O N I V N Y O U
O E O H R N D O M U S R F
V T M C L F A F L E E Y F
E A E A O P O E M N K T Y
R B M E V E L I K X P E J
S L A T K O T J P C L L A
H E D X G D Q W N L L I C
O S E O O R H K P J I K
E K O K M D H M O G N E
S P G X A I U P X T K G T
H Y R E C O R G J V H S A
```

WORD SEARCH 55

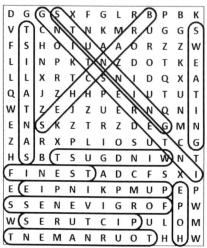

```
D G G S X F G L R B P B K
V T C N T N K M R U G G S
F S H O I U A A O R Z Z W
L I N P K T N Z D O T K E
L L X R T C S N I D Q X A
Q A J Z H H P E I U T U T
W T Z E J Z U E R N Q N I
E N S K Z T R Z D E G M N
Z A R X P L I O S U T C G
H S B T S U G D N I W N T
F I N E S T A D C F S X I
E E I P N I K P M U P E P
S S E N E V I G R O F P W
W S E R U T C I P U L O M
T N E M A N R U O T H H H
```

WORD SEARCH 56

```
K D B L T E D G C E G O X
E L B N H M O S L M H J H
T W P O W O P E U T A E J
A T D U C O I I G S H D
R W M S R L X D V C N U A
O O V W K E Y I I H O Q T
C V W W S W V A E W E T
E J S L H X A C J E S R E
D P M S O R B T R H I N
P E W D P E G G R I O F T
N X O Q H D K E B N E J I
A O F H F L L E Q E Z M O
F X L A E O K C C S R H N
R U D K Z C C K R S E W O
Q P G P I K E V H Q H D X
```

WORD SEARCH 57

```
G N I D N A T S T U O J S
L M X I W K H H G K B R
A N R S E M L V U P R M E
D Y S E P V J H M E V L M
T F S C C I E W O O N E R
I F E D U D C A R G A A W
D U N S M S R E N Z K D D
I L K W U K T I C X D I G
N F C L D R T O C A A N E
G O I K X P G M C K G L
S I L D I H F R S L E L
W D S A N S B R I V J R G
K V P D E Q E M N S M P G
C P B R J M S V W R E B S
N F C A A H B E F L U J B
```

WORD SEARCH 58

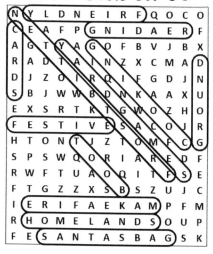

```
L D K D R A C T F I G V S
T S A O D U N B G G R I L
H U X C K J K W X M S X Y
M A C E I L R V A J R D U
T L O N H M S E E R T W L
N S M X K W J S Z G C V E
E E P U D G N I L K N I T
M C A U S P B T T U P H I
E N N X I G D D X S O T D
V E I H E L P E R X W U E
O W O B I B P D R J G F D
R G N N O S D N A R G S
P D B K W K K P L P D M Q
M S T U F F I N G D I T Q
I T F L A T B R E A D H F
```

WORD SEARCH 59

```
N W V Q P A T T E R N G U
S K N R E H T U O S R V S
L Q C I S Z T X Q J X A G
E R G A G R I J G I G Z N
I G L H N U Z M O N O I
G W I S O M J A I C V J W
H M J E S O H T E E N Z I
B L E R H T A C R R E D
E W L F J V O J X L H I E
L R L O I L O P N Q C B Q
L A U T X D T Z X C T B T
S H O S F O I L F I O Z
P M P N T N H M O X K N I
D Q G M X S V L J E C Z Q
K G Q G C G X C G U S J S
```

WORD SEARCH 60

```
N Y L D N E I R F Q O C O
C E A F P G N I D A E R
A G T Y A G O F B V J B X
R A D T A I N Z X C M A D
D J Z O I R G I F G D J N
S B J W W B D N K A A X U
E X S R T K T G W O Z H O
F E S T I V E S A C O J R
H T O N J Z T O M F C Q J
S P S W Q O R I A R E D F
R W F T U A O Q I T F S E
F T G Z Z X S B S Z U J C
I E R I F A E K A M P F M
R H O M E L A N D S O U P
F E S A N T A S B A G S K
```

WORD SEARCH 61

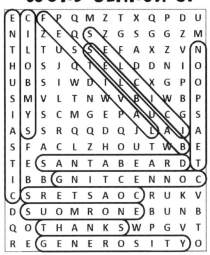

WORD SEARCH 62

WORD SEARCH 63

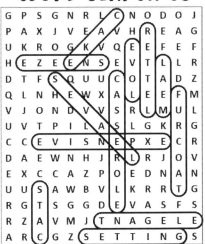

WORD SEARCH 64

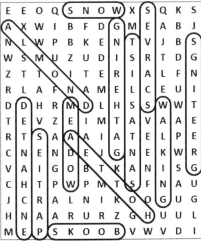

WORD SEARCH 65

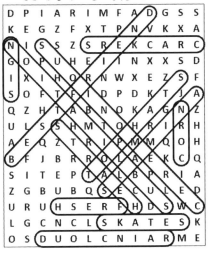

WORD SEARCH 66

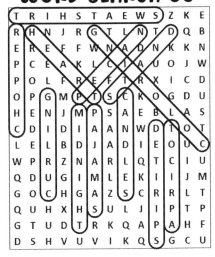

WORD SEARCH 67

```
H A N D W A R M E R S B J
F D W E F R L A I C E P S
U E K M S A I S U H T N E
T T R E J Z B C I E C Z D
S P U O K M G N I R A C V
R O N E Z J P D A J I R A
R D D N O A M J O C D D C
H A E O F B R Y C V O O A
C X L O B M O E L M U G T
S D I V C U A C G X E I
U I G E S D M F I I Z O
S E H D E G A Y O V P I N
E Z T Z O C H E R R Y E G
J X G U I A G G I U X N Z
E V F I Q O N Q H M G G N
```

WORD SEARCH 68

```
R E T H G U A L U I Q X O
Q M G R E N I H S H I Z Q
F F X B B H Q U I N C E C
R M U L I J E C R U O S U
I V L U C C F N G J V H W
B P H T C O C I L F J E X
B A L F U O W A L R W R N
O N T L G K V T A E H I S
N O V A U B F R C N J T X
S O M V D O G E R W W A O
D M O O W O T T V O T G H
D L H R R K I N F T H E G
J L D E X C V E Z O U F U
O U H D O O W E R I F P U
B F Q Q B A J K P R Q A N
```

WORD SEARCH 69

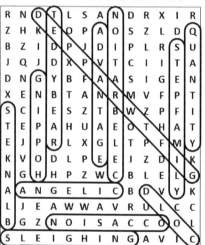

```
R N D T L S A N D R X I R
Z H K E O P A O S Z L D Q
B Z I D P J I P L R S U
J Q J D X P V T C I I T A
D N G Y B F A A S I G E N
X E N B T A N R M V F P T
S C I E S Z T B W Z P F I
T E P A H U A E O T H A T
E J P R L X G L T P F M Y
K V O D L P E E J Z D I K
N G H H P Z W C B L E L G
A A N G E L I C B D V Y K
L J E A W W A V R U L C C
B G Z N O I S A C C O O L
S L E I G H I N G A V I C
```

WORD SEARCH 70

```
M K T N X S E G A S S E M
R W B M F S A U H T U O Y
E L J L T K L Z C Z R B P
V U C H D H K R D U L C L
O F A K R M C C N E Q I F
C R R P X P R E S K C O Q
W E D N H Y N S D V P S O
O W M B S D E C K V G I H
N O W T I D G R E F L I U
S P A N Q N O M A N N I C
W L G V U C R V O L M A U
S J N E L I B O M W O N S
G A D O R I N G V I Z O W
P G X O R M T A R T V L Q
G N D E X I M A F F R N W
```

WORD SEARCH 71

```
D Z J K D P N L R P M E B
O U R S Q E J H F V L N K
U N A O R N A M E N T S D
T R C X O W J P L H A Q W
D K O F G Y R E T S U L B
O R G N I D R A W E R G P
O D H H O X I G Q C F K S
R D A Q P H W X R E M P W
M T B E L L S J T P I L U
B R O O M S T I C K J J Q
D I N W O R G R E V O G W
S S E N L U F Y O J G V W
B C P X D K U H O S T T J
K B N O I T I D A R T J U
L R E L A T I V E Z F R J
```

WORD SEARCH 72

```
S V M T E G A V S E H R J
D M E C T S I N F A S X B
K W S U A N A Z Z S I J K
N A O N D S B R T Q R I F
E T O J N S M R H Z U N F
C E H O K P A I W P O C X
K R C X F X G D H U L J U
L H Z L L A B T O O F B C
A O V C F C U S T O M K
E T A B L E C L O T H E G
I E L A F S N M J I M K F
U R P A B J J E H C H K G
T D E J H G A R D E N Z N
W L G I V E P R A I S E D
```

WORD SEARCH 73

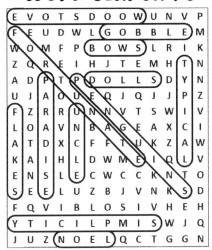

WORD SEARCH 74

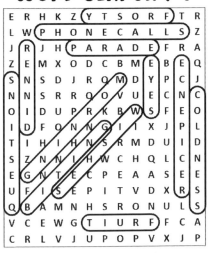

WORD SEARCH 75

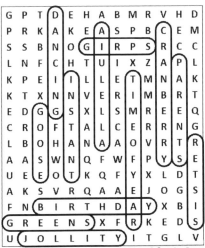

WORD SEARCH 76

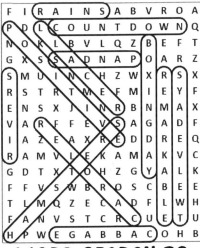

WORD SEARCH 77

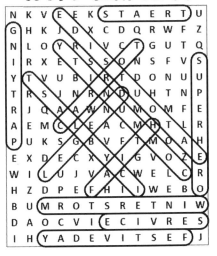

WORD SEARCH 78

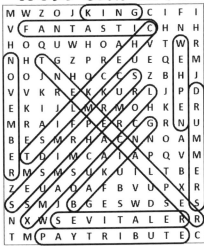

WORD SEARCH 79

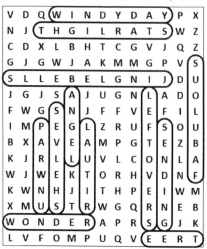

WORD SEARCH 80

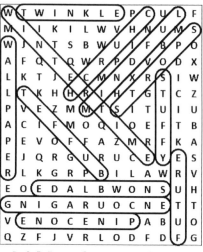

WORD SEARCH 81

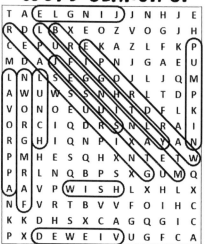

WORD SEARCH 82

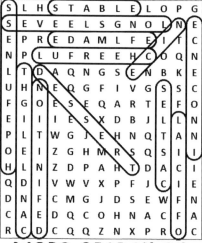

WORD SEARCH 83

WORD SEARCH 84

WORD SEARCH 85

```
F  Y  J  N  V  O  W  R  X  N  M  B  D
A  E  J  I  T  M  E  W  S  G  D  M  I
A  A  X  I  M  H  K  J  C  C  O  Q  M
O  R  B  T  T  S  I  I  V  M  Z  R  S
G  O  T  O  S  Q  U  I  R  R  E  L  S
O  D  R  C  R  O  H  V  N  X  N  E  J
L  B  E  G  E  S  G  N  I  Z  A  M  A
D  Q  D  V  E  V  M  M  K  R  Z  O  S
E  S  P  R  R  V  B  E  N  X  P  D  L
N  B  F  E  H  U  S  K  Y  D  O  G  E
S  E  Z  E  M  E  V  U  D  T  L  J  I
R  O  I  U  V  S  N  O  W  Y  F  I  G
R  E  S  T  R  O  O  M  D  Z  F  S  H
R  E  H  O  S  E  R  V  E  P  E  A  Q
Q  R  G  N  I  D  D  E  L  S  T  I  Z
```

Made in the USA
Columbia, SC
22 November 2024

47365754R00057